社会福祉叢書 ⑥

# 精神障害のある人への地域を基盤とした支援

―― クラブハウスモデルとグループホーム ――

平澤惠美 著

ミネルヴァ書房

# はじめに


　日本における精神障害のある人々の地域生活支援は，1990 年代から具体的な取り組みが始まり，法的にも社会復帰施設の整備化が始まった。それから 25 年以上が経過し，病院を中核とした保護的な視点から，地域を中核とした生活者の視点へと関係者の意識も当事者の意識も変化していった。しかしながら，世界的にみても日本の精神病床数は群を抜いて多く，平均在院日数も極めて長いという現状は，日本の精神医療保健福祉の課題として指摘され続けている。また，医療と福祉を包括的に捉えた包括型地域生活支援（ACT）などが各地で実施されてはいるものの，これまでの精神医療体制を大幅に変革させる具体的な方向性としては定められていない。

　その他にも，物理的な条件としての地域における居宅サービス事業の確保，援助技術としての地域生活支援のソーシャルワーク実践のあり方など，未だ多くの課題を抱えている日本は，今後どのような道筋を辿って精神障害のある人々の地域生活を実現していくのであろうか。

　精神保健医療福祉分野における地域への働きかけは，精神保健法により社会復帰施設が法定化されたことで明らかになった。1989 年には全国で 38 か所だった社会復帰施設の数が 10 年間で約 14 倍以上の 473 か所に増設された。その後，2006 年に新たな福祉サービスを規定する法律が施行されるまでの 8 年間で 1697 か所となり，地域で居場所を必要としていた精神障害のある人々を支援する体制は着実に整備されていった（厚生労働省 2006）。

　また，障害者自立支援法は，「国民が相互に人格と個性を尊重し安心して暮らすことのできる地域社会の実現」（厚生労働省 2006）を目的として掲げ，これまでの身体障害と知的障害のある人を対象とした支援費制度から，精神障害のある人々を含めた総合的な自立支援システムの構築を目標としていた。しか

し，障害のある人々の生活に不可欠な支援に応益負担を求めるという世界でも例のない条件が付加され，障害程度区分認定によるサービス利用抑制を定めるなど，安心して住み慣れた地域で暮らすことのできる社会をつくりあげる制度としての存在が疑問視されることになった（植田 2008）。

これらの問題点が表面化し，現行の制度に対する社会運動を受けて，障害者自立支援法は 2013 年度に障害者総合支援法に改正された。こうした改正を受けながら，障害支援区分認定による制度的な制限やサービスに特化した柔軟性に乏しい制度の構造は，諸外国の障害者支援制度と比較して厳しいものとなっている。

2014 年に日本が批准した障害者権利条約では，障害のある人々の基本的人権と基本的自由を確保し，尊厳の尊重を促進することを目的として，障害者の権利の実現のための措置等について定めており（外務省 2016），この条約による制度の一環として，2016 年に障害を理由とする差別の解消の推進に関する法律（以下，障害者差別解消法）が施行されている。障害による差別を解消し，全ての国民が人格と個性を尊重し合いながら共生する社会の実現を目指して，新たな一歩が踏み出されている。

1960 年代から世界各地で始まった精神障害のある人々の社会復帰と地域生活に対する働きかけにより，地域の受け皿としての事業の充実を含めた制度的な体制強化だけでなく，地域生活を継続するために必要とされる実践や，地域での生活の質（QOL）を高めるための実践も着目されるようになった。こうしたなか，精神保健福祉の分野では，医療機関や福祉サービス事業所におけるケアマネジメントだけでなく，生活に焦点をあてながらおこなわれる，リハビリテーション，ストレングス，エンパワメント，リカバリーなどの実践理念が積極的に取り入れられていった。こうして，現場では質の高い実践を提供するためにソーシャルワークの専門性が今まで以上に求められている。

一方で，従来の保護的な視点と新たな専門性の高い援助技術が交錯した現場も多くみられ，職員が変われば施設が変わるといわれるほど，生活支援の内容は脆弱であり，精神保健福祉分野におけるソーシャルワーク実践が発展段階に

あるともいえる。自らの実践経験を通してごくあたりまえの生活について論じた谷中（1996）は，生活支援について，指導とか訓練を抜きにして支援することだと述べている。谷中の理論は，精神障害のある人々がその人らしく地域で生活する支援をいかなる視点から実践していくべきなのか，未だ我々に多くの問いを投げかけている。

　また，日本の地域生活支援の実態について住友（2007）は，日本では地域生活支援の活用モデルそのものが構築されておらず，これまでおこなわれてきた研究は地域生活支援のあるべき姿や期待される役割の指摘にとどまっているという見解を示している。地域で生活している精神障害のある人々，そして近い将来，地域での生活に希望を抱いている多くの社会的入院者の夢を実現させるためにも，システムの構築という構造的な取り組みにとどまることなく，その人らしく地域で生活する姿を尊重することができる実践のあり方を，今後も検討し続けるべきであると考える。

　こうした現状を踏まえ，本書では筆者がこれまでにおこなってきた国内外の精神医療保健福祉に関する調査を振り返り，歴史的背景を視野にいれながら，日本の特質を活かした地域生活支援について包括的に捉えることを目指している。リッチモンドの社会診断から100年が経過した今日においても，ソーシャルワークを個人と環境との調整技術だと位置づけたその概念は（Richmond 1917），ソーシャルワークの基盤として，今もなお日本の社会福祉教育に根づいている。こうした意味でも，海外でみられる地域でのソーシャルワーク実践と日本で展開されているソーシャルワーク実践は普遍的な要素を共有しているといえる。

　一方で，欧米文化の中で生まれた理念や実践が必ずしも日本の文化的背景や現場の実状に応じたものであるとは限らない。

　この適応の問題に対し大橋（2005：12）は，「日本人の文化に引きつけて，日本的に“消化”し，アレンジし，理論化することが求められているのではないか。それは，ある意味でアジア型社会福祉モデルを構築していく上でのポイントになるとも思われる」と指摘している。日本の地域で精神障害のある人々

の生活に対するソーシャルワークを考える時，我々はソーシャルワークの普遍的要素を尊重しつつ，日本における社会文化的構造を意識し，日本の現場に適応したソーシャルワークの形を検討しなければならない。したがって，今後の地域生活支援を見据えるうえでも，欧米の先駆的な実践を日本に取り入れるだけではなく，欧米概念を比較軸として用いながら日本の地域生活支援の姿がどうあるべきなのかを精神保健福祉の領域として検討する視点が求められているといえる。

　本書では，第1の視点として，日本の精神医療保健福祉をグローバルな視点から捉え，世界的にも立ち遅れていると指摘されている，日本の現状について取り上げる。また，現在の日本における精神医療保健福祉がどのように展開されていったのかという歴史的背景と共に地域の社会資源開発を振り返り，日本が目指す姿としての先駆的実践として，イタリアトリエステにおける改革とその背景に見られる理念についても紹介する。

　第2の視点として，精神保健福祉がどのように地域で展開されるべきなのかという視点を中心に，アメリカウィスコンシン州のマディソンモデルに焦点をあて，地域実践におけるリカバリーを促進する要素について検討する。

　第3の視点として，地域生活支援における居住に着目し，暮らすということの支援について，ノーマライゼーションの起源でもあるデンマークとスウェーデンの視点から検討する。また，日本のグループホームに入居している精神障害のある人々の生活の質（QOL）を通して，居住の場におけるソーシャルワークの役割についても考える。

　第4の視点として，地域生活支援における日中活動に着目し，アメリカで発祥した当事者活動の原初モデルとしても知られるクラブハウスの実践を取り上げ，日中活動における支援のあり方について考察する。

　第5の視点として，アメリカと日本の両国で共通の実践が展開されているクラブハウスモデルを比較軸として用い，それぞれの地域生活支援の視点について検討する。さらに，まとめとして，社会文化的背景を考慮したソーシャルワーク実践モデルの構築について検討し，アメリカの実践モデルと日本の実践

モデルが目指す方向性を示し，結論として，日本の地域で生活する精神障害の
ある人々に，豊かな生活をもたらすことができるような地域生活支援のあり方
について提言を試みたい。


2019 年 10 月

著　者

# 精神障害のある人への地域を基盤とした支援
—— クラブハウスモデルとグループホーム ——

## 目　次

はじめに

第**1**章　世界からみる日本の精神医療保健福祉……………………………… I
　　1　精神医療保健福祉における歴史的展開　I
　　2　日本の精神医療保健福祉と地域生活支援　6
　　3　バザーリアの理念と地域実践を調査より探る　16
　　4　日本型地域生活支援モデル構築の課題　31

第**2**章　地域精神保健福祉における実践と理念……………………… 33
　　1　マディソンモデルからみるリカバリー　34
　　2　日本の地域生活支援　46

第**3**章　居住の視点を重視したソーシャルワークの展開………… 55
　　1　ノーマライゼーション理念を反映する居住と日中活動　56
　　2　日本における病院からグループホームへの移行　77
　　3　グループホーム生活者の生活の質（QOL）　88
　　4　居住における支援の展開　98

第**4**章　日中活動に対する視点を重視したソーシャルワークの展開 …… IOI
　　1　日中活動の原始的なモデルとしてのクラブハウス　IOI
　　2　ファウンテンハウスの事例研究　II5

第**5**章　クラブハウスモデルを軸とした地域生活支援の分析…… I29
　　1　アメリカと日本のクラブハウスモデルの実践分析　I29
　　2　クラブハウスモデルを題材としたインタビュー調査　I43
　　3　共通の枠組みを持つアメリカと日本のクラブハウスの実践の比較　I54

viii

第**6**章　日本の地域生活支援の特質………………………………157

　　　1　アメリカと日本の比較軸からみた地域生活支援　157

　　　2　主体型地域生活支援の創出と共生型地域生活支援の創出　165

　　　3　アメリカでの取り組みからみた日本型地域生活支援の特質　173


終　　章　精神障害のある人の生活を豊かなものにするために……177


文献一覧　191

おわりに　205

索　　引　209

# 第1章
# 世界からみる日本の精神医療保健福祉

　日本は先進諸国が 1960 年代に精神科病院中心のケア体制から地域中心のケア体制へ政策転換を図ったのにもかかわらず，1990 年代前半まで精神病床の増設を継続し，病院中心のケアをおこなってきた。こうした背景を前提として，本章では，日本が OECD 諸国の中でも逆行の歴史を辿り，現在の精神医療保健福祉に到達した経過を探るために，歴史的変遷に焦点をあてる。これまでの日本における精神医療保健福祉を振り返ることにより，日本の精神科医療中心のケアと地域生活支援の現状を見つめなおす。

　さらに，精神科病院のない社会の構築を実現したイタリア，トリエステにおける実践理念を取り上げることにより，精神障害のある人々の人権を尊重し，生活に焦点をあてた支援の意味について考える。まとめとして，日本の地域生活支援における現在の到達地点を見極め，リーディングモデルとしてのトリエステにおける実践を考察することにより，今後の地域生活支援における課題を明らかにする。

## 1　精神医療保健福祉における歴史的展開

　日本の精神保健福祉における地域生活支援への取り組みは，世界的にみて未だ発展段階にあるのではないかということは，長期にわたり議論されてきた。とりわけ，精神科病院を中心としたケア体制からの転換は，これまでに培ってきた日本の精神科医療体制をみても容易ではなく，日本の文化的な背景も相まって複雑に絡み合っていると考えられる。

## OECD 諸国にみるケアの転換

OECD Health Data（2012）によると，1960 年代に OECD 諸国の中で最も多い精神病床を有していたアメリカでは，精神保健福祉関連の政策転換を経て1990 年までに精神病床数を劇的に削減し，現在は精神病床が少ない国の一つとして知られている。また，ヨーロッパでは，ノーマライゼーションの動きを受け，1970 年代から地域ケアを推進する動きが始まった。その中でも，とりわけ精神障害のある人々の人権に目を向け，地域に向けての先駆的な働きかけをおこなったイタリアでは，1988 年にイタリア全土における精神科病院の閉鎖を宣言し（水野 2002），現在では OECD 諸国のなかで精神病床が極めて少ない国として知られている。

こうしたなか，日本と同じように 1990 年代から精神病床が増加したベルギーも，2005 年から急激な削減をおこなっており，図 1−1 からも日本の精神病床数が諸外国と比較しても高いことがわかる。

さらに，精神病床数をみてみると，人口 1,000 人あたりの精神病床数は，最も多い日本が 2.65 床，2 番目に多いベルギーが 1.74 床，三番目に多いオランダが 1.27 床，続いてドイツが 1.3 床となっている。一方，人口 1,000 人あたり，イタリアは 0.09 床，アメリカは 0.21 床，ニュージーランドは 0.31 床であり（OECD Health Data 2016），これらを比較してみると日本はイタリアの 27 倍，アメリカとニュージーランドの 13.5 倍，最も近いベルギーの 1.59 倍であることがわかる。これらのデータは精神科病院をどのように定義するかによって異なるため，正確さが疑問視される点は否めないが，日本での病床数が極めて高いことは明らかな事実だといえる。

また，精神病床数だけではなく，平均在院日数にも諸外国と比較して大きな違いがみられる。OECD Health Data（2012）によると，日本の精神病床の平均在院日数は，1990 年代から減少傾向がみられるものの，他国と比べて極めて長い。平均在院日数が 100 日を超えているのは日本とポーランドのみであり，その他の国々はほとんどが 50 日以下となっている。

日本で実施されている「平成 29 年（2017）患者調査の概況」によると，「精

第1章　世界からみる日本の精神医療保健福祉

図1-1　精神病床数の推移（OECD）

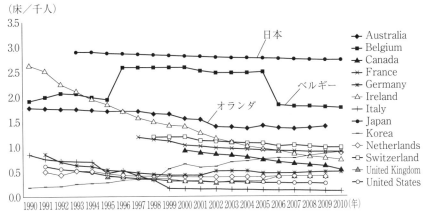

出所：OECD (2016) OECD Health Statistics.

神及び行動の障害」による平均在院日数は277.1日であり，その中でも最も長いのが「統合失調症，統合失調症型障害及び妄想性障害」531.8日，次に長いのが「血管性及び詳細不明の認知症」349.2日，続いて「気分障害（躁うつ病を含む）」113.9日となっている。「統合失調症，統合失調症型障害及び妄想性障害」のうち，特記すべき点として，年齢が高くなればなるほど平均在院日数が長くなっており，14歳までの入院期間が167.2日であるのに対し，75歳以上の場合は1,692.2日，65歳以上の場合は1,210.6日であった。また，退院患者の在院期間別に構成割合を見てみると，1か月から3か月が39.2％で最も多く，次いで6か月以上の17.9％，3番目が0～14日の15.7％，4番目が3か月から6か月の13.7％，5番目が15～30日の13.2％となっている。この結果から，82％が6か月以内に退院しているのに対し，18％が6か月以上であることがわかる。

さらに，精神病床における在院日数の具体例として，愛知県の現状をみてみると，2012年度の新規入院者数は1万5,300人であり，うち3か月未満の退院者は全体の61％，3か月以上1年未満の退院者数は90％となっている。おおよそ1,600人に該当する10％の人々はそのまま継続して病院に残っている

3

ことから，1年以上の新規長期入院者となっており，1年以上の長期入院者総数7,655人に1,600人が加算されることになる。一方で，1年以上の長期入院者のうち，年間約1,600人が退院していることから，総数は増減することなく，ほぼ一定を示しているという現状がある（愛知県 2015）。このように，日本は精神病床が多いという実態だけではなく，病院での入院期間も長く，新規入院者の入院期間は短縮傾向にあるものの1年以上の入院者の割合も極めて高いといえる。

　これらの結果を総合的にみてみると，ほとんどの OECD 諸国が病院中心のケアから地域中心のケアへの転換期を経験しており，それぞれの国でシステムづくりをおこないながら地域を主体としたケアを展開していることがわかる。こうした地域ケアへの関心は，精神障害のある人々への人権擁護だけではなく，経済的背景や社会的背景も影響を与えている。地域ケアへの転換は必ずしも円滑におこなわれるわけではない。急激な精神病床の削減がきっかけとなり，適切な支援もなく路上での生活を余儀なくされるケースや，治療を継続したくても短期治療しか望めない状況もみられる（新福・浅井 2009）。その結果，必ずしも地域で生活することが望ましいとは言い切れない，人々を取り巻く様々な課題が浮かび上がってくる。

　地域生活支援の分野において新たな取り組みが求められているわが国では，こうした諸外国の経験からの学びを蓄積しながら，日本独自の社会文化的背景を考慮し，精神障害のある人々の地域生活支援への取り組みをより一層進めていく段階に差し掛かっているといえる。


## 日本における地域生活支援の実践

　一方，日本でも地域生活支援への取り組みが全くおこなわれていなかったわけではない。精神保健福祉における地域ケアへの需要が続くなか，それぞれの地域で展開されている実践報告や地域生活支援に関する研究も数多くみられている。

　例えば，藤井（2004）は「やどかりの里」の実践における生活支援論に焦点

をあて，精神障害者のリジリアンスを活性化させる環境を協働のパートナーシ
ップによって形成し，人と人との関係性から波及されるリカバリーを可能に
する実践，体制，環境，政策が地域生活支援モデルには必要だと説いている。
また，寺谷（2008）は「JHC 板橋会」で展開されている地域生活支援システム
に焦点をあて，「参加・協働型地域生活支援システムモデル」には，精神障害
のある人々の回復過程を促す参加と協働をおこなう場とシステムが求められ，
それは支援活動，マネジメント，コーディネーション，コンサルテーションに
よって達成できると説いている。これらの研究は一面的な角度から日本の地域
生活支援を分析しており，他国における取り組みを比較対象として捉えること
を目的としていない。そこで，本書では，自国の展開だけではなく，他国の実
践を通して自国の実践を振り返り，その振り返りから得られる実践の特性を検
討することにより，自らのモデルの認識と発展の方向性を示唆することを視野
に入れながら構成している。

　さらに，日本でおこなわれている精神保健福祉における地域生活支援の実践
は，ソーシャルワークの源流といわれるリッチモンド，バイステック，パール
マンらによって体系化された欧米モデルの視点を主流としているのが現状であ
る。これらのモデルによる日本への適応性について古閑（2005）は，日本の
ソーシャルワーク研究は欧米で生まれ育ったソーシャルワークについて，日本
の国土と文化のなかで生活する利用者の生活実態を見据えたうえでの十分な検
討をおこなっていないと指摘している。この分野に近い研究として野中・平澤
がおこなった「精神障害のある人々に対する日本の地域生活支援」がある。野
中と平澤（Nonaka and Hirasawa 2012）は，日本社会における地域生活支援の
実践を 6 つの項目別にその特殊性を指摘している。それらは，①相互依存に関
する許容さ，②他者への配慮性の高さ，③秩序のある上下関係，④システムへ
の柔軟性，⑤情緒的な合意の重視，⑥専門職の誠実さと向上心の高さであり，
これらの特殊性は地域生活支援をおこなううえで利点にも弱点にもなり得ると
いう見解を示している。しかしながら，ここで挙げられている 6 つの特殊性が
精神障害のある人々に対する地域生活支援においてどのように反映されている

のか，その具体的な方法についての実証研究には至っていない。したがって，精神保健福祉をフィールドとして，社会文化的な課題に向けた検討をおこなうためにも，これまで筆者がおこなってきた海外での研究を軸として，日本における精神保健福祉の歴史的展開を振り返り，日本の地域生活支援における特殊性を捉えていきたいと考えている。

## 2 日本の精神医療保健福祉と地域生活支援

### 第二次世界大戦以前

日本における精神医療の歴史を振り返ると，古くは奈良時代に遡り，精神症状に対する認識も病気として考えられ，加持祈禱のみに頼るだけでなく，一定の法的保護下に置かれていたと記述されている（岡田 2002；橋本 2010）。このような保護的観点からみる精神障害者の社会的処遇は，社会の流れと共に私宅監置から精神科病院へ，そして保安優先対策から人権保護へと変革を遂げ，現在では精神科病院から地域社会へと展開を続けている。

近代の精神障害のある人々に対する行政的・医学的な試みの始まりとして，一般に取り上げられるのが，1874 年の医制に公布された癲狂院の設立である。西部では京都癲狂院が 1875 年に日本で最初の精神科病院として設立され，東部では精神病患者収容施設として機能していた東京府病院が発展し，1879 年に東京府癲狂院が発足した。その後，精神病と思われる藩主の監禁により，世論の反発を招いたとして知られる相馬事件をきっかけとして，精神障害に対する処遇のあり方が社会的関心を集めた。

1900 年には，「精神病者監護法」により，私人による精神障害者の監禁を防ぐ監護義務者制度と，私宅・精神病院・精神病室に監置する行政手続きが整備された。これは，保護的視点から策定されたといわれているにもかかわらず，精神障害者に対する保護は医療ではなく保安優先が主体となり，結果的に警察行政が私宅監置による監禁を監視する法律となった。この流れに対し，精神障害者の処遇を疑問視した巣鴨病院医長の呉秀三は，人道的患者処遇を理念とし

て非拘束的な患者処遇に努め，病院改革を行うだけでなく，私宅監置の実態調査や統計的観察を発表し，実践家としても医療と福祉を無視した国家の態度を批判した（岡田 1982）。

　1919 年，呉秀三による人道的な処遇運動の影響もあり，国家は「精神病院法」を制定した。これを機に私立精神病院の設立が始まり，家族による監護義務の責任が精神科病院長へと変更され，監護の権限が医師に委ねられるようになっていった。しかしながら，その当時の日本における人口あたりの精神病床数は諸外国と比較して極めて少なく，ほぼ10分の1程度であったと記録されている。また，精神障害者に対する治安対策優先の考え方は世間に根強く残り，社会的な差別や偏見はあたりまえのものとして捉えられていた。その後は不況と戦争の影響を受け，世間の米価が上昇し，精神科病院では患者が栄養失調になり死亡率が増えるという悪循環を繰り返した。精神科病院における患者死亡率は第二次世界大戦中に最大となり，東京都立松沢病院では約41％を記録している。さらに，約2万4,000床であった精神病床は空襲などの原因によって一部廃院となり，約4,000床にまで激減した（松下 1999）。

### 第二次世界大戦以後

　戦後の精神保健福祉は，欧米からの精神医療や公衆衛生に対する考え方が幅広く導入され，医療面のみならず，福祉面でも著しい変化をもたらした。日本国憲法公布により，国が国家責任として公衆衛生の普及と健康増進に努めるようになると，精神医療の分野でも適切な治療や保護が求められるようになり，1950 年には精神病者監護法及び精神病院法が廃止され，精神衛生法が制定された。精神衛生法では主に以下の項目で改革がなされ，①公的責任として都道府県に病院設置を義務づける，②国民による医療保護患者の診断及び保護申請，③保護義務者制度の制定，④精神衛生鑑定医制度による措置入院の診断，⑤保護義務者の同意による入院及び仮入院制度，⑥都道府県知事の許可による自傷他害の精神障害者の保護拘束，⑦1年間の猶予付きの私宅監置廃止，⑧精神病者・精神薄弱者・精神病質者を定義，⑨地方公共団体による精神衛生相談所の

設置と訪問指導の規定，⑩精神衛生審議会の設置，⑪精神衛生鑑定医制度の設置，がおこなわれた。1950 年代は精神医療制度の改革と同時に，抗精神病薬剤の開発による精神医療の発展もみられ，民間精神病院が急激に増加する 10 年でもあった（松下 1999；高柳・山名 2007）。その当時，民間精神科病院の活動として生まれたのが病院主導による精神障害のある人々の家族を対象とした家族会の結成であった。精神障害者家族会は，1950 年代の後半からみられるようになり，1964 年には全国精神障害者家族会が結成され，のちに全国精神障害者家族会連合会（全家連）となったが，2007 年の解散を経て，現在は全国精神保健福祉会連合会（みんなねっと）となっている（滝沢 2010）。

　1964 年には日本の精神保健福祉と精神障害者の社会復帰に多大な影響を与えたとされる，ライシャワー事件が起こった。精神障害のある少年がアメリカのライシャワー駐日大使をナイフで刺すという事件は議論を呼び，精神障害者は市民の生活を脅かす危険な存在であると理解され，精神障害に対するさらなる偏見を増強する結果となった。翌年の精神衛生法改正では，この事件の影響による治安当局の退行的な意見と精神障害者の医療・保護や人権を唱える関係者の意見が対立し，治安当局による精神障害者の取り締まり強化は免れたが，社会復帰の促進よりは規制を求める傾向が強まる結果となった。この改正で新たに，①都道府県による精神衛生センターの設置，②保健所の精神衛生相談員配置，③通院医療公費制度の新設が実施され，地域支援体制の基礎となるいくつかの制度が含まれたものの，精神障害者の保護的収容に関する視点は変わることなく，わが国は世界第一の精神病床数を有する精神科病院大国へと成長していった（高柳・山名 2007）。

　その後，精神保健法制定までの二十数年間は入院患者を増加させ，不十分な治療環境下での処遇を継続し，抑圧的な体制が日常として認められていたと記録されている。1984 年の宇都宮病院事件によって表面化された看護職員による入院患者死亡事件を発端として，入院患者に対する不正や虐待の実態が明らかにされると，わが国の精神医療の改善と人権保護に対する抜本的改革の必要性が国内だけでなく海外からも聞かれるようになり，入院期間の長期化・民間

精神病院への依存・社会復帰体制の未整備・人権保護をめぐる問題などが指摘された。こうした経緯から1987年に制定された精神保健法は，精神障害者の人権擁護と社会復帰施設の制度化を目指し，以下の事項を定めた。①任意入院，指定医診察による医療保護入院，及び措置入院を確立し，定期病状報告を義務付ける，②処遇改善と退院に関する精神医療審査会の設立，③精神保健指定医の資格制度，④入院時の告知義務，⑤行動制限に対する告知義務，⑥病棟内の公衆電話設置，⑦精神障害者社会復帰施設（援護寮・福祉ホーム・通所授産施設）の費用補助体制など（高柳・山名 2007；精神保健福祉行政のあゆみ編集委員会 2001）。こうしてわが国で初めて精神障害者の人権保護と社会復帰推進の観点から法律が規定され，病院中心のケアから施設ケアへそして地域中心のケアへの第一歩を歩み始めたのである。

## 精神保健福祉法以後

1993年には精神保健法改正が行われ，新たに精神障害者地域生活援助事業，精神障害者社会復帰促進センター，精神障害者福祉工場の法定化に関する事項が新しく含まれた。その2年後には，精神保健法が精神保健福祉法と改められ，「自立と社会参加の促進のための援助」という福祉的要素が新しく加わった。その内容は，①精神障害者保健福祉手帳制度の創設，②生活訓練施設・授産施設・福祉ホーム・福祉工場の規定，③精神障害者社会適応訓練事業の法定化，④精神保健指定医の必置義務，⑤通院公費負担医療の保険優先化，である（精神保健福祉研究会 2002）。

さらに，障害者プラン（ノーマライゼーション7か年戦略）が策定され，「ノーマライゼーション」と「リハビリテーション」理念のもとで地域保健福祉活動の充実を目指し，社会復帰施設等の具体的な施策目標を数値として掲げることにより，地域における積極的な保健対策を推進する働きかけが強調されていった（厚生白書 1996；谷野ら 2005）。

1996年の患者調査によると，わが国における精神障害者数は推定217万人で，その数は急激に増加している。そのうちの入院患者数は32万2,000人で，

5年以上の入院患者が46.5％を占めている（厚生白書 1999）。こうした状況下で社会復帰の風潮を推進すべき役割として，精神保健福祉士法が1997年に制定され，専門家の福祉現場における社会復帰推進および地域生活支援に拍車がかかっていった。また，1999年の精神保健福祉法改正では，①精神保険審査会の機能強化，及び精神保健指定医の役割強化，②医療保護入院の明確化，③緊急入院に関する事項の制定，④保護者に関する事項の制定，⑤精神保健福祉の充実に関する事項の制定がなされ，国家政策による精神障害者の地域生活支援がいっそう明確化されたといえる（精神保健福祉研究会 2002；谷野ら 2005）。

さらに，2003年には，障害者プランに続く新障害者プランが実施されるようになった。新しいプランでは，今までの理念に加え，誰もが相互に人格と個性を尊重し支え合う「共生社会」の理念が盛り込まれ，新障害者プランとして，精神障害のある人々に対する地域資源の拡大が見込まれた（厚生労働省 2002）。同年，心神等の状態で重大な他害行為を行った者の医療及び観察等に関する法律である，心神喪失者等医療観察法が制定され，精神障害のある人々の権利に関する視点が改めて問われるようになった（町野 2004）。

厚生労働省の精神保健福祉対策本部は「精神保健医療福祉の改革ビジョン」を2004年に発表し，受け入れ条件が整えば退院可能な7万2,000人の退院を推進するとともに，地域生活中心の精神保健医療福祉体系の実現を掲げた。その主な重点施策は，以下の5点である。①病棟の機能分化を促進し，急性期・社会復帰リハ・重度療養等の病状に応じた医療を提供できるよう体制化すること，②在宅で生活する症状が不安定な精神障害者に対し，24時間体制で訪問サービス，短期入院・入所，受け入れ確保等のサービスを包括的に提供すること，③精神障害者の住居サポート体制として，住居提供者に対する24時間の救急連絡体制を確立し，当事者と住居提供者の両者が安心して生活できる環境を整備すること，④就労支援ネットワークによる就労移行支援の場をつくり，当事者の設計・選択を重視した一般雇用への流れを確立すること，⑤市町村が中心となったケアマネジメントをおこない，生活支援・住まいの場・活動支援を含める総合的な自立生活支援計画をもとにした給付決定を実施すること，で

ある。

　そして，障害者自立支援法のベースとなった「改革のグランドデザイン案」
が出され，翌年には，障害者自立支援法が制定された。障害者自立支援法は，
以下の5点を焦点としている。①障害者福祉サービスの「一元化」，②障害者
がもっと「働ける社会」に，③地域の限られた社会資源を活用できるよう「規
制緩和」，④公平なサービス利用のための「手続きや基準の透明化，明確化」，
⑤増大する福祉サービス等の費用を皆で負担し支え合うしくみの強化である
（谷野ら 2005）。障害者自立支援法により，精神保健福祉法による旧体系で運
営していた施設は新法への移行を余儀なくされ，地域生活支援をおこなってい
た医療法人や社会福祉法人は新しいシステムに沿った新しいサービスを展開し
ていった。また，規制緩和により福祉サービスに参入していった特定非営利活
動法人や株式会社などが増えた一方で，これまで家族会によって地域で小さな
歩みを重ねていた共同作業所などは，法人化の道を選択せざるを得なくなり，
法人化が実現せずに閉鎖された事業所もみられた。障害者自立支援法はサービ
スを提供する事業者だけでなく，福祉サービス体制の変化やサービス利用の負
担を通じて，地域で生活する障害のある人々の生活に大きな影響を与えていっ
た。障害者福祉に携わる職能団体だけでなく，障害者福祉に関心のある人々か
らも，障害者自立支援法に関する問題点は指摘され続けた。市場原理による競
争や利用者負担を求める応益負担は，支援するという根本的な福祉的概念から
かけ離れていることはいうまでもない。福祉の仕事に対する意欲は利益から得
られるものではなく，業務の中身から得られなくてはならないものであり，利
用者との信頼関係の構築やサービスの質の向上を図るためには，市場原理も応
益負担も避けるべきであったと指摘されている（大島 2004）。

　課題が山積していた障害者自立支援法に代わる新法の制定が検討されるよう
になり，2009 年の政権交代により廃案が決定された。また，2010 年の改正で
は，これまでの1割負担を改め，利用者の収入に応じた負担を求める応能負担
へと変化していった。その後，障害者総合福祉法の制定に向け，関係者により
構成された障害者制度改革推進本部が設置され，この推進本部によって作成さ

れた提言により，2013年4月に新たな障害福祉サービスを規定する障害者の日常生活及び社会生活を総合的に支援するための法律（以下，障害者総合支援法）が施行された。障害者総合支援法では，障害のある人の権利が守られ，社会参加の機会が確保されるように，社会的障壁を除去することの他，共生社会実現のための日常生活・社会生活の支援を総合的かつ計画的におこなうことを基本理念として掲げている。さらに，制度の谷間といわれていた難病の人々を支援の範囲としたことに加え，これまで問題視されていた障害程度区分を必要に応じて支援の度合いを示す障害支援区分に改め，必要とされる支援の度合いを示すものとなった（厚生労働省 2013）。

### 地域での展開

諸外国が大規模精神科病院に頼らない地域における精神保健医療福祉を目指すなか，日本では1960年代より精神病床の増設を続け，1994年の減少に転じるまで，病院中心の保護的なケアを継続した（新福 2002）。しかし，精神障害者を取り巻く環境は，病院中心のケアのみに依存していたわけではなく，それぞれの地域ごとにソーシャルワーカーが独自の実践を展開していったという歴史もある。その中で最も先駆的な取り組みとして知られているのが，1970年代初めに谷中によって実践された「ごくあたりまえの生活」を追求したやどかりの里である（谷中 1974）。この時期を境として，地域で精神障害のある人々を支える動きが活発になっていった。

1987年の精神保健法により，生活訓練施設，福祉ホーム，通所授産施設が社会復帰施設として法定化され，その後に加えられた福祉工場や地域生活支援センター，ホームヘルプサービス，ショートステイ，グループホームも含め，地域で生活する精神障害のある人々の資源が次第に増えていった。また，草の根的な運動を継続していた小規模作業所の実践も全国的に増え，1995年の精神保健福祉法からは，各地で地域生活支援システムが確立していった。

社会復帰施設の推移（表1-1）によると，社会復帰施設（1989年）の法定化直後は生活訓練施設数が11か所，福祉ホームが18か所，通所授産施設が9か

所のみであったが，2006年に後の障害者自立支援法が施行される直前には，地域生活支援センターが428か所，生活訓練施設が289か所，福祉ホームが241か所，通所授産施設が296か所，入所授産施設が30か所，小規模授産が395か所，福祉工場が18か所まで増設され（厚生労働省 2006），日本の精神障害者を取り巻く環境が大きく変化していったことがわかる。これらの法定化施設に加え，地方自治体からの補助により各地で活動をおこなっていた精神障害のある人々を対象とした小規模作業所は，社会復帰施設の中で最も数が多く全国で1669か所設立されている（精神保健福祉白書編集委員会 2007）。

　また，障害者自立支援法施行前後の利用者数を比較すると，日中活動サービスでは，2006年の入所授産施設の利用者685人，通所授産施設（小規模授産を含める）の利用者1万6,810人，福祉工場の利用者411人，ホームヘルプサービスの利用者1万1,983人，ショートステイの利用者355人で合計3万244人であった。

　この数を障害者自立支援法施行2年後と比較すると，生活介護762人，生活訓練2,427人，就労移行支援3,717人，就労継続支援A型1,331人，就労継続支援B型1万6,301人，居宅介護2万2,444人，短期入所601人，入所授産施設366人，通所授産施設（小規模授産を含める）7,168人，福祉工場160人の合計5万5,277人（厚生労働省 2008）であることから，障害者自立支援法の施行により，精神障害のある人々を対象とした地域の社会資源は2年間で約1.8倍となり，2.5万人分の活動の場が提供されるようになったことがわかる（図1-2）。

　さらに，居住系サービスの利用者数を比較すると，2006年は福祉ホームの利用者数2,964人，入所授産施設の利用者685人，生活訓練施設の利用者4,400人，グループホームの利用者4,858人で合計1万2,907人であった。一方で，障害者自立支援法施行から2年後の利用者数は，グループホーム・ケアホームの利用者1万2,497人，宿泊型自立訓練69人，施設入所支援195人，短期滞在7,922人，退院支援施設2,475人，福祉ホーム（新体系と旧体系の合計）1,973人，入所授産施設366人，生活訓練施設3,457人で合計2万8,954

**表1-1　精神障害者社会復帰施設数推移**

| | 1989 | 1991 | 1993 | 1995 | 1996 | 1997 | 1998 | 1999 | 2000 | 2001 | 2002 | 2003 | 2004 | 2005 | 2006 |
|---|---|---|---|---|---|---|---|---|---|---|---|---|---|---|---|
| 地域生活支援センター | 0 | 0 | 0 | 0 | 0 | 0 | 0 | 0 | 0 | 248 | 318 | 399 | 430 | 460 | 428 |
| 生活訓練施設 | 11 | 80 | 50 | 80 | 98 | 128 | 149 | 182 | 205 | 232 | 246 | 263 | 274 | 286 | 289 |
| 福祉ホーム | 18 | 73 | 59 | 73 | 81 | 88 | 99 | 111 | 115 | 127 | 159 | 195 | 212 | 233 | 241 |
| 通所授産施設 | 9 | 73 | 50 | 73 | 91 | 112 | 127 | 150 | 168 | 183 | 208 | 245 | 261 | 285 | 296 |
| 入所授産施設 | 0 | 0 | 0 | 6 | 11 | 15 | 18 | 21 | 22 | 25 | 28 | 29 | 29 | 30 | 30 |
| 小規模授産 | 0 | 0 | 0 | 0 | 0 | 0 | 0 | 0 | 0 | 30 | 109 | 215 | 306 | 375 | 395 |
| 福祉工場 | 0 | 0 | 0 | 1 | 4 | 7 | 8 | 9 | 11 | 12 | 14 | 17 | 18 | 18 | 18 |
| 社会復帰施設合計 | | | 159 | 233 | 285 | 350 | 401 | 473 | 521 | 857 | 1082 | 1363 | 1530 | 1687 | 1697 |

出所：厚生労働省統計資料「社会復帰施設数」を参考に筆者作成。

**図1-2　日中活動系サービス・在宅サービスの推移**

障害者自立支援法前（2006年）

| サービス名 | 利用者数（人） |
|---|---|
| 入所授産施設 | 685 |
| 通所授産施設（小規模を含める） | 16,810 |
| 福祉工場 | 411 |
| ホームヘルプ | 11,983 |
| ショートステイ | 355 |
| 合　計 | 30,244 |

障害者自立支援法後（2008年）

| サービス名 | 利用者数（人） |
|---|---|
| 生活介護 | 762 |
| 生活訓練 | 2,427 |
| 就労移行支援 | 3,717 |
| 就労継続支援A型 | 1,331 |
| 就労継続支援B型 | 16,301 |
| 居宅介護 | 22,444 |
| 短期入所 | 601 |
| 入所授産施設 | 366 |
| 通所授産施設（小規模を含める） | 7,168 |
| 福祉工場 | 160 |
| 合　計 | 55,277 |

出所：厚生労働省統計資料「社会復帰施設数」を参考に筆者作成。

第1章　世界からみる日本の精神医療保健福祉

図1-3　居住系サービスの推移

障害者自立支援法前（2006年）

| サービス名 | 利用者数（人） |
|---|---|
| 福祉ホーム | 2,964 |
| 入所授産施設 | 685 |
| 生活訓練施設 | 4,400 |
| グループホーム | 4,858 |
| 合　計 | 12,907 |

障害者自立支援法後（2008年）

| サービス名 | 利用者数（人） |
|---|---|
| グループホーム ケアホーム | 12,497 |
| 自立訓練 | 69 |
| 施設入所支援 | 195 |
| 短期滞在 | 7,922 |
| 退院支援施設 | 2,475 |
| 福祉ホーム（新・旧） | 1,973 |
| 入所授産施設 | 366 |
| 生活訓練施設 | 3,457 |
| 合　計 | 28,954 |

出所：厚生労働省統計資料「社会復帰施設数」を参考に筆者作成。

人に増加している（厚生労働省 2011）。居住系サービスについても，日中活動系サービスと同様に利用者数が2.2倍以上増加しており，この2年間だけをみても，その数が着実に増えていることがわかる（図1-3）。

　さらに，2008年以降の精神障害のある人々を対象とした居住系サービス，とりわけグループホーム・ケアホームをみてみると，2008年時点で1万2,497人の利用者数であったものが，2013年には2万1,161人となっており，この6年間でおおよそ1.7倍に増えていることがわかる。2014年にグループホームとケアホームが一元化され，現在はグループホームとして運営がなされている。しかしながら，これら全ての入居者が病院から地域に移行しているわけではないことを考えると，その数は未だ十分ではないことがわかる。新障害者プランで目標とされた7万2,000人の地域生活を支えるためには，今以上の地域の受け皿が求められており，さらなる取り組みが必要である。

　一方で，精神障害のある人々の地域移行については，2015年度から2017年度までの第4期障害福祉計画（厚生労働省）によると，入院後3か月時点の退

15

院率目標値を64％以上に設定し，入院後1年時点の退院率目標値を91％以上に設定している。これらの数値を満たす都道府県は3か月時点の場合89％，1年時点の場合94％とされている。さらに，入院期間が1年以上の長期在院者数についても，2014年6月末時点である第3期障害福祉計画の時期よりも18％以上削減することを掲げている。正確な数としては，2014年6月末の段階で長期在院者数は18万4,690人であり，2017年6月末の段階で154,100人，基本指針を満たす都道府県の割合はおおよそ70％とされている。このように，穏やかな動きではあるものの入院中の精神障害のある人々は着実に地域での生活を実現しており，ハード面としての地域における福祉サービスの充実だけでなく，ソフト面としての地域生活支援のあり方についても，さらなる取り組みが求められている。

　野中（2002）によると，精神障害のリハビリテーションは総合的な実践活動であり，多様な領域を統合させながら，生活を包括的にみることによっておこなわれるといわれている。障害のある当事者が，本来の力を取り戻し，受動的ではなく主体的に自らの人生を切り開く回復過程を実現させるためには，地域での十分な資源の供給と利用者が容易に選択できるサービスのあり方が求められている。日本の地域生活支援が，精神障害のある人々の回復過程においてより有効となるように新たな歴史の幕を開けていかなくてはならない。

## 3　バザーリアの理念と地域実践を調査より探る

　地域を中心としたケア体制を日本でも実現させるために，試行錯誤を続ける精神保健医療福祉分野の専門職が着目している地域実践の一つとして，イタリアのトリエステがある。本節では，トリエステをフィールドとした調査の結果を取り上げ，精神科病院のない社会を実現させるために必要な要素を検討し，今後の地域精神保健医療福祉のあり方について考える。

## イタリアにおける精神医療

　1960年代から始まったイタリアの精神保健医療福祉改革は，現在もなおイタリアのみならず，世界の精神保健医療福祉に多大な影響をあたえている。それは，改革そのものが制度・政策の変革にとどまらず，「精神疾患のある人々の人権」に対する従来の概念を根底から覆し，実践のあり方を変えていったからであるといえる。

　アメリカで巨大精神科病院における脱施設化の動きが見られるようになった1960年代，イタリアでも精神医療のあり方を問い直す活動が始まっていた。1961年に大学の精神科クリニックからゴリツィア精神科病院の院長となったバザーリアは，治療よりもむしろ監視をおこなっていた精神科病院の実態を目の当たりにし，精神医療のあり方に疑問を抱いた。当初バザーリアは，イギリスの治療共同体モデルを導入しながら，患者との対話を重視し，治療の場を人道的なものにすべく改革をおこなっていた。しかし，様々な入院患者の治療に携わるなかで，精神科病院における構造そのものが治療の妨げになっていることを認識し，精神科病院の廃絶こそが治療につながると訴えた。

　バザーリアの精神医療改革は，イタリア全土に及び，1999年にはイタリア最後の精神科病院が閉鎖され，現在も精神科病院は存在せず，必要とされる精神科医療は地域の精神保健センターで提供され，急性期の緊急治療は総合病院でおこなわれている（Mezzina 2010）。

　一方，精神科病院中心の医療から，地域医療中心の精神保健医療福祉体制への一歩をようやく踏み出した日本では，精神障害のある人々の人権や地域医療の重要性が問われているにもかかわらず，現場の支援体制のみならず，精神障害のある人々に対する社会的な意識の変化はあまりみられてない。実際に，世界の精神科医療のなかでも大幅に上回っている人口あたりの精神病床数は，横ばい状態から減少する傾向はあまりみられず，ここ十数年で精神病床の削減と地域生活支援強化をおこなってきた諸外国と比較しても，その動向は極めて緩やかである。また，精神保健医療福祉の改革ビジョンとして目標とされた，7万2,000人の受け入れ条件が整えば退院可能な入院患者の地域移行支援は，10

年が経過しようとする現在も，その数値目標は高いハードルとして留まり，中間報告によると，精神病床数そのものはほとんど減少していない（厚生労働省2009）。

すなわち，日本の精神保健医療福祉では，精神科病院で生活を継続する精神障害のある人々の地域生活の可能性を指摘しながら，実践における積極的な変革には至らず，未だ保護的な姿勢を保っているといえる。こうした日本的なケア体制から脱却し，新たな段階へと導くためには，国が主導となる政策的な改革に加え，精神科病院に入院している人々，これらの人々を支える専門職，そして地域に生活する人々による，「精神疾患のある人々の人権」に対する意識改革が必要だと考えられる。

ここでは，精神科病院での治療に頼らず，地域で精神障害のある人々を支えるしくみを展開していったイタリア，トリエステの実践に着目し，地域の精神保健センターで実践に携わるスタッフからのインタビューを通して，現状の制度やシステムのみならず，その根底となっているバザーリア理念，および精神科病院を撤廃させた精神保健医療福祉改革が及ぼす地域実践への影響を考察する。そして，日本における今後の地域精神保健医療福祉のあり方についての検討をおこなう。

## トリエステの地域精神保健福祉システム

イタリア北部に位置するトリエステは，東京都23区の約3分の1ほどの面積であり，人口は約20万人といわれている。バザーリアの精神医療改革がおこなわれる以前，20ヘクタール以上の膨大な敷地を有したサン・ジョヴァンニ病院には，1,200名の入院患者が存在し，そのうち840名が強制入院であった。1971年にサン・ジョヴァンニ病院の院長となったバザーリアは，1977年の秋に病院を閉鎖するとメディアに発表した。病院長に就任した当初から，バザーリアは病院のヒューマニズム化よりむしろ，病院の閉鎖を目標としていた。この改革の背景には，県知事が共に精神障害のある人々の解放，「自由こそ治療だ」というバザーリア理念を支持していたからこそ達成できたものであり，

第1章 世界からみる日本の精神医療保健福祉

イタリア文化における人権意識の強さを物語っている（Schmid 1977＝2005）。

バザーリアがトリエステの改革において，精神科医として精神科病院を解体するという極論に至った経過には，バザーリアの精神医学に対する視点のみならず，精神医学を超えた関係者を取り巻く社会構成における矛盾がある。バザーリアは，精神科病院の実態を目の当たりにすることで，病院内における医師と患者の関係を含めた専門職と患者の関係は，個人の思考によって決定されるのではなく，医師をはじめとする専門職の持っている社会的な権力によって構成されており，その権力が存在する限り，人と人の関係性を主体とした人間関係の構築の妨げになることを指摘した。そして，精神科病院という権力構造で成り立っている場所がある限りは，治療関係の形成に限界があることを認識し，精神科病院を無くさなければならないという結論に達した（松嶋 2011）。すなわち，バザーリアは，人権と精神科病院の間に存在する矛盾を消滅させるために，精神科病院の解体に着手したのである。

バザーリアの実践により，1978 年には任意および措置検診と治療に関する規定（後に国民保健サービス制度法へ移行）である 180 号法，通称バザーリア法が成立され，イタリアでは精神科病院への新たな入院を禁ずるだけでなく，措置検診と治療に対する厳しい制限をおこない，強制的な治療という考え方ではなく，権利としての治療が保障されるようになっていった（Dipartimento di Salute Mentale di Trieste 2004＝2006）。それから 28 年後の 1999 年，イタリアで最後の精神科病院が閉鎖され，必要とされる急性期の緊急治療は総合病院でおこなわれている。

トリエステが現在の形となっていったきっかけは，精神科病院での治療に代わりに地域で精神保健医療福祉を担うために 1981 年に整備された精神保健局だった。その後，治療だけでなく，予防・診断・介入・リハビリテーションを含める精神保健福祉におけるサービスを組織的に運営する精神保健措置部門が立ち上げられ，1995 年に現状のシステムとなった。また，精神保健措置部門は，地区ごとに細分化されたサービスが地域社会のなかで適切におこなわれるように調整し，トリエステのシステムとして組織的に運用されていくように保

障するだけでなく，精神障害のある人々に対する差別・避難・排斥をなくすための働きかけと権利の推進を目的とした。

　精神保健局のプロジェクトチームは4つの保健区に分類され，精神保健センターとして利用者と家族を対象にサービス・介入・プログラムを24時間体制でおこなっている。それぞれの精神保健センターに設置されている8床のデイケアやナイトケア用のベッドは，1泊から数週間利用が可能となっており，その他にも緊急診療，外来診療，デイホスピタル，デイケアセンターなどの活動がおこなわれている。地域によって精神保健センターが中間施設，グループホーム，共同生活グループを運営している場合もある（Dipartimento di Salute Mentale di Trieste 2004＝2006）。

### トリエステにおけるフィールド調査

　本調査では，バザーリアが精神保健医療福祉改革をおこなったトリエステをフィールドとし，精神保健局による地域精神保健医療システムの展開を踏まえて（表1-2），その中核となる精神保健センターのスタッフ4名とマッジョーレ病院の精神科医師1名に対してインタビュー調査をおこなった。

　精神保健センターには，複数の専門職がスタッフとして勤務しているが，今回の調査では，バルコラ／アウリジーナ精神保健センターとマッダレーナ精神保健センターの看護師3名と作業療法士1名のスタッフからインタビューをおこなった。また，質問項目として，バザーリアの改革や理念が現在のトリエステにおける実践に及ぼしている影響と，現状における実践のあり方について挙げ，インタビューは半構造化面接の形式をとった。

　倫理的配慮として，研究協力の依頼に際し，研究の趣旨について文書でトリエステ精神保健局に説明をおこない，調査結果についても，本研究以外の目的では使用しないことを説明し，了承を得た。

### トリエステの実践の視点

　インタビューの結果から，精神保健センターの実践では以下の4点に焦点が

第1章　世界からみる日本の精神医療保健福祉

表1-2　トリエステ精神保健センターの活動

| バルコラ／アウリジーナ精神保健センター（保健区1） | ・人口：6万3,160人<br>・センター利用者：768人<br>・職員：精神科医4人，看護師29人，臨床心理士2人，ケースワーカー1人，リハビリテーション士1人，介護士1人，管理者2人<br>・夜間宿泊ベッド：8床 |
|---|---|
| マッダレーナ精神保健センター（保健区2） | ・人口：5万7,0831人<br>・センター利用者：890人<br>・職員：精神科医4人，看護師25人，臨床心理士1人，ケースワーカー1人，リハビリテーション士2人，介護助手3人，管理者2人<br>・グループホーム・中間施設・共同生活グループを含む5か所のレジデンスがあり，22床のベッドが確保されている |
| ドーミオ精神保健センター（保健区3） | ・人口：6万3,823人<br>・センター利用者：767人<br>・職員：精神科医4人，看護師24人，臨床心理士2人，ケースワーカー2人，リハビリテーション士1人，管理者1人<br>・小規模レジデンス1か所 |
| ガンビーニ街精神保健センター（保健区4） | ・人口：4万7,882人<br>・センター利用者：722人<br>・職員：精神科医4人，看護師20人，臨床心理士1人，ケースワーカー1人，リハビリテーション士1人，介護助手3人，技術員1人，管理者1人<br>・グループホーム・中間施設・共同生活グループを含む5か所のレジデンスがあり，9床のベッドが確保されている |

出所：Dipartimento di Salute Mentale di Trieste（2004＝2006）より筆者作成。

あてられていることがわかった。

## ①　人権を意識した場づくりの実践

　バザーリアが精神科病院の改革に携わって最初におこなったことが，スタッフをユニフォームから私服にしたこと，そして部屋を人が生活する空間として適しているものにすることであった。トイレや浴室を新しくしたり，すりきれた家具を最新のイタリアデザインの椅子や机に替えることで，内部の解放に着手した（Schmid 1977＝2005）。それは，精神疾患のある人々を尊重し，生活を尊重するという人間らしさを重視した基本的な考えを土台としており，その考えは現在もなお実践の一つとして取り入れられている。精神保健センターのス

写真1-1　マッジョーレ病院の病室

タッフはこう語る。「生活の中に好きなインテリアを入れたり，好きなデザイナーの作品を飾ったりすることはごくあたりまえのこと。だから，このセンターもイタリアのインテリアコーディネーターがデザインを担当して，より過ごしやすい空間を演出するように手がけられている。家具も壁のデザインに合うように選んだり，それぞれの部屋のコンセプトに合わせて揃えたりしている」。実際に訪問した2つの保健センターのインテリアは，日本の施設でイメージしているようなベーシックなインテリアではなく，それぞれの部屋がテーマごとにコーディネートされ，色使いが豊かな住空間であった。

　デイケアやナイトケア用のベッドがある部屋についても，「病院のような殺風景な部屋は必要ない。体調が優れないからといって壁で囲われたような部屋に入るなんて，余計に体調が悪くなる。気持ちを整えるために過ごしやすい部

写真 1-2　保健センター

屋を提供すべき」だと語る。この考え方は精神保健センターだけでなく，総合病院の緊急病床にも適応され，壁に掛けられたデザイナーのファブリックボードに，デザインが施されているタンスが取り入れられ，丸い形のデザイナーチェアーがベッドサイドに置かれている。病気であることが，人らしく生活することの妨げになるべきではないという理念が随所にみられる。

　さらに，トリエステの実践はこうしたハード面における空間の整備だけではない。重要なことは，「いくらお金をかけて素敵なインテリアを取り揃えても，広い空間を準備しても，そこで支援に携わる関係性が医師と患者，看護師と患者では何も変わらない。目の前にある見えない壁は常に存在する。だからこそ，私たちは治療も共同でおこない，病気だけを媒介とした関係性ではない，人と人の関係性の構築を心がける」と話す。実際にスタッフは誰一人ユニフォームを身につけてはいなかった。精神科の医師も看護師も白衣を身に纏ってはおらず，専門家と当事者という垣根は最小限にとどめられていた。バザーリアが関

係性を廃絶するための方法として，精神科病院の撤廃を唱えたように，現在の
スタッフもまた，人権を尊重した人と人の関係性を焦点にした視点を重視して
いるのである。

## ② 病気ではなく，個人のニーズに対応した実践

精神保健センターの唯一の利用条件は，利用者がそれぞれのセンターが管轄
する地区に住んでいることである。精神保健センターの利用は，本人や関係者
の申請によっておこなわれ，24時間以内に実施される最初のインテークによ
って，支援をおこなうための専門家によるチームが構成される。ここでは，精
神科医による紹介も必要なければ，専門員による判定もおこなわれない。精神
保健センターのスタッフは，「どんな病名であるかは関係ない。全ては支援を
必要としている本人のニーズから出発している。だから，本人ではなく，家族
や友人が必要だと感じてセンターに申請に来た場合でも，家庭訪問で本人との
話し合いをおこなうことを通して，家庭訪問や保健センターの利用が必要だと，
本人がニーズとしてセンターを利用することが必要だと認識してから支援体制
が整えられる」と話す。あくまで当事者主体なのである。

投薬についてのコメントでは，「精神保健センターの全ての利用者が薬を飲
んでいるわけではない。お昼ご飯を食べに来るだけの人もいれば，友達に会い
に来る人もいる。お風呂に入りに来る人もいれば，ランドリーを使いたくてセ
ンターに来る人もいる。それぞれが必要に応じて利用すればよい。もちろん，
薬のためにセンターを利用する人もいる。条件をつけて利用者を制限すること
で，支援や治療につながるはずの関係が消滅したりしないように，本人の自己
決定を尊重しながら，センターを利用する人の権利も保障する」。病気を中心
に考えるのではなく，生活を支援することを重視しているのである。

また，現場では多様なニーズに対応するための視点が示されている。「私た
ちには相手が必要とすることに，いつでも対応できるような柔軟性が求められ
る。自宅へ訪問する際も，看護師と共に医師を必要とするならば，医師も同行
することもあるし，他の専門職が同行することもある。精神疾患の病名がつい
ていなくても，薬を飲んでいなくても，家庭訪問を希望すれば提供する。サー

ビスを提供するために，条件はいらない」と語る。大熊（2009）によると，医師としてのバザーリアのアプローチは，精神病の存在そのものを否定するわけでもなく，向精神薬を処方したり，強制的に治療したりするわけでもない。診断や投薬を主役にしないことで，医師としての社会的な権力を剝き出しにせず，「病人」ではなく「苦悩する人」として向き合う。だからこそ，その人が抱えている課題の解決を第一に考えることができると主張している。

### ③　ソーシャル・インクルージョンを意識した実践

　バザーリアと共にトリエステの精神保健医療福祉改革をおこない，トリエステ精神保健センター長を経て，現在はトリエステの世界保健機関（World Health Organization：以下 WHO），精神医療保健部門の共同研究センター長であるメッジーナ医師の報告によると，トリエステの改革では，精神障害のある人々が社会の一員としてトリエステの街の中で生活し，地域の中で個人が望む生活を実現するための社会の構築を目指してきた（Mezzina 2000）。トリエステの改革を通して，これまで精神科病院という柵の中で，社会から排除され続けてきた人々のインクルージョンを達成したのである。その実践の一つとして挙げられるのが，現在のサン・ジョヴァンニ病院である。

　スタッフによると，「現在のサン・ジョヴァンニは，病院としての機能は失ったけれど，病院だった建物を再利用して学校を運営したり，レストランやカフェを営業したり，WHO（World Health Organization）のオフィスとして活用されている。また，精神障害のある人々を含めた社会的弱者が，組織で勤務する職員の30％を占める社会協同組合として，様々なビジネスを展開している場所でもある」。

　トリエステでは，病院としての建物を取り壊して，新たな事業を展開するのではなく，精神科病院だった場所に住民に来てもらい，活用してもらうことを通して病院が街と一体化する取り組みをおこなっている。これは，病院が解体される前からおこなわれていたことであり，バザーリアは，サン・ジョヴァンニの解体運動のなかで，精神科病院も他の公共の建物と同様，市民がいつでも入れることができ，院内を自由に歩けることができる場所にすることを目指し

ていた。そして，その取り組みとしてサン・ジョヴァンニ庭園のなかに幼稚園を開園させ，住民全体を対象に映画やコンサートもおこなったのである（Schmid 1997＝2005）。

　また，トリエステ全体に広がっている社会協同組合では，ホテル，レストラン，バー，ラジオステーション，建設業，映像制作，農業，酪農，園芸，警備，修理などの仕事がある（Warriner 2011）。これらの活動を通して，「トリエステには 300 名以上の精神障害のある人々が就労しており，障害のある人が一般社会のなかで仕事をすることにより，障害のある人の権利と生活を保障するだけでなく，共に働く人々にとっても精神障害のことを知ってもらうよい機会となっている」と理解されている。また，スタッフによると，これらの社会協同組合による活動は「特別なことではなく，ごくあたりまえにトリエステのなかでおこなわれており，労働者の権利は組合によって保障されているため，組合で決められた適切な給料が支払われるしくみとなっている」。トリエステでは，精神保健センターを介してのソーシャル・インクルージョンの取り組みだけでなく，障害のある人々を孤立させない，排除させない街として，人と人のつながりを構築しているといえる。

#### ④　エンパワメントによる実践

　サン・ジョヴァンニ病院に勤務していたスタッフはこう語った。「私たちはトリエステが特別な場所であるとあまり意識したことはない。けれどバザーリアがサン・ジョヴァンニを閉鎖していった一つひとつの過程そのものが，入院していた精神疾患のある人々にとってのエンパワメントであり，奇跡だった。なぜなら，彼らはその過程で人権を取り戻していったから。そして，その理念が根付いているトリエステの現場では，今でも無意識に，時には意識的に障害のある人々に働きかける。全ての人々は平等に生きる力があるのだと」。石川ら（2012）によると，トリエステの改革をおこなう過程では，病院の所有物としてしか見られていなかった精神疾患のある人々を，一人の人間として捉えることで，その人が持つ強みや健康的な部分に目を向けるようになり，スタッフは病院という場にとらわれることなく，個人として相手と向き合うようになっ

第1章　世界からみる日本の精神医療保健福祉

ていったのだと分析している。すなわち，こうしたストレングスを重視した視点で人々と関わることが，長期入院から退院というような人生の可能性を信じる選択につながり，それを実現させていく事例を増やすことで，精神疾患のある人々のエンパワメントだけでなく，精神医療保健関係者のエンパワメントにもつながっているのだといえる。

　また，バザーリアが改革のなかで唱え続けた「自由」という概念を治療にも取り入れている点もトリエステの特徴として挙げられる。スタッフは語る，「以前は，向精神薬は症状を抑えるために用いられた。一つの薬が効かないと次の薬，それも効かないと次の薬というように。私たちは精神症状を否定的なものと捉え，それをコントロールすることに長い間振り回されていた。重要なことは，症状があってもその人が望む生活を支援し，自由を保障するということ。それが最も大切なことであり，そのためには信頼関係がなくてはならないものとなる」。医師と患者は民主的な関係のなかで，薬についても考える。トリエステ式の治療とは，病気や症状に関係なく，自分が好きな場所に住むなどの市民権を得て，病気があっても，「私はこれをやっています」と言えることなのである（石川ら 2012）。こうした発言は，当事者の自己肯定感なくては生じないものであり，エンパワメントされた個人だからこそ言葉にできる意味深いものであるといえる。

## 日本への示唆

　50 年前に一人の精神科医による活動として始まった精神医療改革の理念が，現在もなおトリエステにおける地域精神保健医療福祉システムの基盤として根づいていることが，本研究を通して明らかにされた。それは，バザーリアの理念が，トリエステの地域精神保健医療福祉における価値に大きな影響をあたえているからであり，精神障害のある人々に対する支援のアプローチへの普遍性を示しているからでもある。すなわち，バザーリアが唱え続けた「自由」「人権」「尊厳」を尊重した視点は，本研究で示された，(1)人権を意識した場づくりの実践，(2)病気ではなく，個人のニーズに対応した実践，(3)ソーシャル・イ

ンクルージョンを意識した実践，(4)エンパワメントによる実践といった形で現場に反映されており，その実践を可能にしている街だからこそ，精神保健医療福祉の先駆的な実践として，世界に影響を与え続けているのである。

　ここでは，これまでに明らかにされたトリエステの地域実践の特徴から日本への示唆として，以下の３点を挙げる。

### ①　精神保健医療福祉のなかに存在する，当事者と専門職の権力構造の見直し

　日本にあるほとんどの精神科病院から，窓に付けられた柵は撤去され，多くの精神科病院は院内環境の改善に力を注いでいる。先駆的な病院やグループホームでは，ホテルのような家具を整え，プライバシーを尊重した個人のスペースを確保している。こうした試みは，従来の日本の精神保健医療福祉にはみられなかった，人権を意識した試みの一つであるといえる。しかしながら，どんなに素晴らしい空間を提供しようと，快適な環境を整えようと，トリエステ精神保健センターのスタッフが語ったとおり，当事者と専門職の間には見えない壁が常に存在する。

　治療や支援という形で，主導権のある専門職が当事者の生活に影響を与えている場面や，専門職による保護的な関わりは，日本における実践現場での一般的な関わりともいえる。こうした権力構造を見直し，主導権を握る専門職の意識を変えなければ，人と人の関係性を構築することは困難であろう。すなわち，地域精神保健医療福祉とは，精神障害のある人々を病院から地域に移行すればよいというわけではない。バザーリアが実践したように，その根底にある権力構造そのものを消滅させなければ意味がないということである。それは，地域中心の支援体制に取り組んでいる，現在の日本の現場における大きな課題ともいえる。

### ②　制度や支援体制における柔軟性

　トリエステにおける個人のニーズに対応した実践とは異なり，日本で地域の福祉サービスを利用するためには，一定の条件がある。具体的には，介護給付サービスを利用するためには，障害支援区分が設けられており，判定なしではサービスの利用を受けることができない。また，応能負担ではあるが利用料が

発生することにより，利用したいサービスがあっても，サービスの利用を停止するケースもみられる。こうした制度や支援体制における柔軟性のなさは，サービスを必要とする人を孤立させる可能性を高めるだけでなく，治療や支援につながる可能性のある関係を消滅させることも考えられる。特に，精神障害のある人々は社会的なスティグマだけでなく，内なる偏見から，福祉サービスへつなげることが困難なケースも少なくない。より充実した支援を提供し，地域におけるソーシャル・インクルージョンを実践するためにも，柔軟性の重要性を検討すべきである。

### ③　多職種による共通の理念と目標

　トリエステ精神医療改革の成功の裏側には，共通理念と共通目標がある。すなわち，現在のトリエステがあるのも多職種の専門家が同じ理念を掲げ，同じ目標を目指していたからこそ達成できたといえる。そして，現在もなお，医師・看護師・臨床心理士・ソーシャルワーカー・リハビリテーション士など，異なる専門職で構成されたチームが同じ視点を持って実践に携わっている。本調査でも，3つの異なる職種の人々からのヒアリングを実施したにもかかわらず，全ての質問に対して共通した回答が示されている。こうした視点は，それぞれの専門職が横のつながりを重視する日本の精神保健医療福祉のなかで，未成熟な部分でもある。職種にかかわらず，一つのゴールに向かって，専門職が共通理念を持って支援に取り組むことにより，一人の当事者に対し，共通認識を持ったチームとして支援することが可能となり，より高い効果を得ることができると考えられる。地域精神保健医療福祉をより効果的に推進していくためには，関係する全ての専門職が共通のビジョンを掲げ，手を取り合って進んでいくことが求められる。

　本調査で題材としたトリエステの精神保健医療福祉改革が世界から注目される理由は，精神科病院を撤廃したことだけではない。病院の撤廃と同時に，退院していった人々を地域で支えていくためのシステムを充実させ，新たに支援を必要とする人々に対しても，入院治療という選択肢以外の手段を選択できるように，ソーシャル・インクルージョンの理念を取り入れながら，着実に地域

を整備していった点が挙げられる。

## 日本における「浦河べてるの家」の取り組みとの比較

　ここで日本でもトリエステと同じように「自由」「人権」「尊厳」を重視した実践を取り入れ，先駆的な実践として注目されている，「浦河べてるの家」（以下，べてるの家）を取り上げたい。1984年に設立された「べてるの家」は，精神障害のある人々が人としての人生における悩みや苦しみを取り戻し，ありのままに生きていく姿を支援している（浦河べてるの家 2002）。こうした活動について，加藤（2012）は，浮ヶ谷幸代の医学モデル・社会モデル・生活モデルを用いながらトリエステとの比較をおこなっている。医学モデルでは，浦河町の川村医師による最小限の薬物治療を用いた，完治を目指さず病気と共に生きる姿勢を示している。これはバザーリアによる，患者は専門家の支援のもとで自分の狂気と共存できるという姿勢と類似していると考えられる。

　社会モデルでは，浦河町では病院を治療の場とするのではなく，休む場として位置づけられ，健常者社会へ健常者として復帰するよりもむしろ，精神障害のある人々として社会に貢献することを目指している。こうした点からも，トリエステの社会協同組合との類似点がみられる。また，生活モデルの比較として，浦河町とトリエステでは，病気や症状を，疾病ではなく生活のしづらさとして捉えており，バザーリアによる病気や症状を重視しない地域での支援システム構築は，小規模ではあるものの，「べてるの家」による地域生活支援にもみられる。

　さらに，浦河町で唯一の精神科入院病床であった浦河赤十字病院が，2014（平成26）年度で精神科を撤廃したことを受け，「べてるの家」の役割は，トリエステの地域生活支援がおこなってきた役割と同等のものが期待されるようになった。これまで入退院を繰り返していた利用者の人々は入院先を失ったが，それでも地域の社会資源を活用しながら，地域生活を継続している。こうした両者にみられる共通点からも，トリエステの改革で展開された実践理念を日本の地域で取り入れていくことは不可能ではなく，その理念を日本社会でいかに

形として支援につなげていくべきかということは、「べてるの家」の実践からも多くを学べるであろう。日本での地域を中心とした精神保健医療福祉の発展のためにも、トリエステの地域実践から学ぶべきことは、まだ多く残されている。

## 4　日本型地域生活支援モデル構築の課題

日本は欧米諸国から遅れること100年、1875年に初めての精神科病院となる京都癲狂院が設立され、精神疾患を病気と捉える考え方が芽生えていった。しかしながら精神疾患の治療というよりも保安を優先した監視の考え方が主流化し、精神障害のある人々の人権に対する意識が極めて乏しい時代を送り続けた。精神保健医療福祉の歴史が大きく動いたのは1900年代からの100年である。1900年代初頭に起こった呉秀三の人道的処遇運動を契機に、精神障害者に対する意識は大きく変化し始めた。しかしながら、日本の精神保健福祉に最も大きな影響を与えたのが、戦後おこなわれた精神病床の増設である。ライシャワー事件という歴史的な偶発事件により、精神病床の増設に拍車がかかり、世界が精神病床の削減に取り組んでいる時代に日本は増設を推進していったのである。この拍車をおさえる国の方針が適応されたのが1993年であり、この時期を転機に精神科病院の増設の歴史から減少の歴史に転じている。その後の歴史的展開は前述の通りであるが、この間の動きを見ていてもその動きは極めて緩やかだといわざるを得ない。

では、どうすれば日本の現状に応じた地域生活支援を展開し、一人でも多くの長期入院患者の地域移行を果たしながら、精神科病院に頼りすぎない地域づくりを実現することができるのだろうか。一つの方法論として、トリエステの実践でみられるような精神障害のある人々に対する周りの人権意識の変革が挙げられる。地域生活支援に向けたこれまでの展開として、法律や制度の基盤を整備する動きは現在も進行している。地域で生活する精神障害のある人々も障害者総合支援法を通して、一定レベルの福祉サービスを受けられるようになっ

たといえる。一方で，精神障害のある人々に対する人権意識については，あまり強く訴えられてこなかった。

　とりわけ，普段から最も身近で接している専門職の意識はどのように変わったといえるだろうか。当事者と身近に接するがゆえに生じるパターナリズム的な専門職の対応は未だ多くの現場で見受けられている。また，障害福祉サービスの現場でも，サービスを利用している人々の安全を第一に考えるがゆえに行動が制限されてしまったり，ごくあたりまえの生活を送る権利が剥奪されてしまったりするケースもみられる。これらは，トリエステの改革がおこなわれた時に取り組まれた「人権」という最大のテーマと類似している。われわれ専門職は本当に精神障害のある人々の人権を尊重できているのか，改めて問い直す必要性があるのではないだろうか。こうした意識の改革こそが，精神障害のある人々の豊かな生活につながり，生活の質（QOL）が高まっていくのだと考えられる。

# 第2章
## 地域精神保健福祉における実践と理念

　第1章では，精神医療保健福祉における世界的な位置づけと歴史的経過を振り返ることにより，日本における地域を中心としたケア体制への立ち遅れと，地域移行に対する緩やかな姿勢を明らかにした。また，精神病床の撤廃を実現したトリエステの調査からは，退院していった人々を地域で支えていくためのシステムを充実させるだけではなく，精神障害のある人々の人権を尊重することがシステムの改革と基盤整備につながるということがわかった。

　地域生活支援を展開するための鍵となるのは地域の社会資源である。医療・保健・福祉を包括的に含めた多様な社会資源を増やし，状況に応じて選択することができるようになれば，地域で安心して生活を継続することができる。しかしながら，日本の現状として強固な連携が求められる医療・保健・福祉の分野がそれぞれに独立している場合が多い。とりわけ，医療との関わりが継続的に不可欠となる精神障害のある人々にとって，この3者は切っても切れない関係にある。したがって，医療法人が福祉事業を手掛けている現場では，医療・保健・福祉の連携が比較的容易におこなわれるが，社会福祉法人や特定非営利活動法人のように福祉が中心となる現場では，医療機関との連携が困難といった課題がみられる。とりわけ，日々の生活を支えるグループホームなどでは，入居者の状態に応じて24時間の医療による介入が不可欠となる場合があるため，診療時間終了後の救急対応や夜間対応などで治療が必要となると，支援者が対応に翻弄される場合が多い。特に，状態の変化が否めない精神障害のある人々は，たとえ障害支援区分が低い場合でも，不安定になる可能性はいつでもあるため，医療に頼らざるを得ない時もある。精神障害があってもその人らし

い生き方を支援し，行きつ戻りつの人生を支えていくためにも，法人の体系に
かかわらず，医療・保健・福祉による包括的な捉え方が求められる。地域精神
保健福祉の現状として，目には見えない壁が立ちはだかっているともいえる。

　本章では，地域に点在する多様な社会資源を上手くシステム化し，医療・保
健・福祉の連携を総合的におこなっている実践として知られるアメリカのウィ
スコンシン州のマディソンモデルの調査を取り上げる。マディソンモデルでみ
られる実践理念であるリカバリーに焦点をあてながら，リカバリーを促進する
プログラムの一例として，ニューヨーク市で始まったクラブハウスモデルにも
着目し，精神障害のある人々を地域で支える視点について検討する。さらに，
日本で展開されていった先駆的な地域実践を考察することにより，地域生活支
援に関する多角的な見識を深めていく。

# 1　マディソンモデルからみるリカバリー

## リカバリー概念

　近年，精神障害のある人々に対するソーシャルワークの新たな視点として，
リカバリー概念が用いられるようになっている。1980 年代後半にアメリカの
当事者による手記活動から生まれたリカバリー概念は，従来の病や障害からの
回復という意味ではなく，症状や障害がありながらも，自分の人生に希望と責
任を持ちながら，意味のある人生を生きるという主観的な概念であり
（Anthony 1993），自分らしい生き方を取り戻す過程として精神保健福祉の分
野に位置づけられている（野中 2011）。

　すなわち，リカバリーは精神症状や社会機能のレベルといった客観的な指標
にとらわれることなく，個人としての人生に着目したものである。また，野中
（2005）によると，伴走者ともいえる専門職の役割は，当事者が自らの手で人
生を取り戻すリカバリーを促進する支援や関わりを工夫すること，そして当事
者を取り巻く従来の医療や福祉システムを検討することであり，リカバリー概
念を基盤とした実践により，人間性が着目されるような支援が展開されるよう

第**2**章　地域精神保健福祉における実践と理念

になると述べている。

　日本でも，欧米で開発されたモデルやプログラムが実施されるようになっており，包括型地域生活支援プログラム（以下，ACT），個別的就労支援方式（IPS），リカバリーと病気の自己管理プログラム（IMR），元気行動回復プラン（WRAP）といった実践が注目されている。また，これらのモデルやプログラムは，疾病・生活・就労などの目的別に開発され，内容にも相違点がみられるものの，自分の人生の回復を目指すというゴールは共通のものであり，より多くの障害のある人々のリカバリーに向けて，現場ではさらなる取り組みが期待されている。


### マディソンモデルとリカバリー

　こうした現状のなか，リカバリーを促進するモデルの一つとして知られるマディソンモデルは，アメリカ，ウィスコンシン州デーン郡にあるマディソン市でおこなわれている地域精神保健システムであり，ACT 発祥の地としても知られている。マディソン市における ACT は，アメリカの脱施設化運動のなかで，退院後に入退院を繰り返したり，刑務所に入ったりする重度の精神障害のある人々を対象として 1972 年に Program of Assertive Community Treatment（PACT）として実験的に開始され，病院に勤務していたスタッフが，多職種チームとして地域で活動を始めたことから展開されていった（Stein and Santos 1998）。

　現在のマディソン市では，アメリカ保健福祉省（Substance Abuse and Mental Health Service Administration：SAMHSA）からエビデンスベースプログラムとして認証を受けている PACT チームの他に，4 つの ACT チームが約 500 名の地域で生活する精神障害のある人々を支援しているが，ACT チームはマディソンモデルを支える一つの要素にすぎず，PACT チーム・ACT チームを含む 18 機関，61 プログラムが地域のなかで連携をとりながら活動することで，より多くの人々を地域で支えるしくみを可能にしている（LeCount 2013＝2013）。また，土屋（2009）によると，マディソンモデルは，本人が必要とするサービ

35

スを包括的に組み合わせて提供することが可能であり，本人が回復しているかどうかを判断する基準は医師などの専門職だけが決めるものではなく，本人がどのような状態であれば回復しているといえるのか，自分で自分の目標を決定し，その目標に向けて支援することが重要であると述べている。すなわち，回復の過程では当事者の主観が尊重され，マディソンモデルではこうした当事者の視点を重視した支援が展開されているのである。

### マディソンモデルとクラブハウス

マディソンモデルのなかで，地域生活支援のエビデンスベースプログラムとして，SAMHSA から認証を受けているのは PACT・ACT だけではない。1940 年代に精神障害のある人々の自助グループとして，ニューヨーク市で始まったクラブハウスモデルもまた，エビデンスベースプログラムとして，その効果や実績が社会的に認知されている。クラブハウスの詳細については，第4章において説明するが，ヤハラハウスと名づけられたマディソン市のクラブハウスは，1976 年にアフターケアプログラムとして開始され，1986 年にウィスコンシン州初のクラブハウスとしてその活動を開始，現在では約 150 名の利用者（以下，メンバー）が所属している。

クラブハウスは日中活動を中心としたプログラムに加え，生活支援・就労支援・居住支援を包括的に提供し，その理念はメンバーとスタッフの横並びの関係性から成り立っている。また，ヤハラハウスには，選択すれば診察を受けることができる専属の非常勤医師と常勤の看護師が常駐しており，医療サービスも受けることもできる。

ここでおこなわれている活動の内容は，調理を担当しメンバーやスタッフに食事を提供するキッチンユニットや電話対応，訪問者対応，そして事務を担当するオフィスユニットなど，運営に欠かせない業務をおこなうメンバーとスタッフの協働活動に加え，過渡的雇用と呼ばれる就労支援である。過渡的雇用は，クラブハウスから始まった就労支援の形態であり，一つの就労先をクラブハウスが責任を持って担当する。すなわち，その就労先に普段行っているメンバー

が仕事に行けなくなっても，他のメンバーかスタッフが代行することで，その仕事を企業に対して保証するという雇用形態である。

ヤハラハウスの就労に関しては，ルコント（LeCount 2013＝2013）の報告によると，メンバーのうち38％が地域の企業に雇用されており，これらのメンバーは平均で週14時間を勤務し，時給約12ドルを収入として得ている。これはアメリカ全土の精神障害者雇用率5〜8％の約5〜8倍であり，ヤハラハウスが「働くこと」を重視しながら支援を展開していることがわかる。また，アメリカの自殺者の90％以上が何らかの精神疾患を罹患しているといわれるなかで，ヤハラハウスでは過去10年間，一人も自殺者を出していない（Yahara House 2014）。ヤハラハウスはマディソンモデルの一部として，多岐にわたる包括的な支援を展開しているのである。

ここでは当事者のリカバリーを促進するモデルの一例として知られる，マディソンモデルの概要を理解し，総合的なプログラムを提供する機関として知られるヤハラハウスのメンバーによって語られたナラティブを分析することにより，マディソンモデルの中核とされているリカバリーがどのように実践として取り組まれているのかを明らかにしていく。

## マディソン市における地域生活支援システム

アメリカ中西部に位置する人口約22万人のマディソン市で展開されている地域精神保健福祉システムは，先にも述べたとおり全米の中でもリカバリーの概念を実践として取り入れている先駆的な事例として知られている。その特徴として，マディソンモデルでは，重度の精神障害のある人々が地域で生活を継続することができるように，医療・保健・福祉の総合的な地域支援システムの充実を図っている。マディソン市で生活する精神障害のある人々のうち88％は地域のサービスを受けながら自分のアパート等で生活し，残りの12％はスタッフ付きの居住施設で生活している。入院治療のデータからは，長期入院者は2％未満，任意入院の平均入院日数は約5日間，強制入院は約15日間といわれている（障害者制度改革推進会議 2010）。

また，マディソンモデルは，ケースマネジメントシステムを用いながら，地域に点在する複数のプログラムを提供することで，当事者のニーズに基づいた包括的な支援を可能にしており，システムワイドマネジャーといわれる核となるケースマネジャーによって，サービスの連携をモニタリングしている。システムワイドマネジャーは，利用者が最もサービスを利用する機関のケースマネジャーが担当し，マディソン市に点在する多様なサービスをニーズに応じてアレンジすることで，単一機関によるサービスだけでなく，包括的なシステムを作り上げている。また，こうしたケースマネジメントはニーズのレベルに基づいたサービスの展開として，図 2 - 1 の通り示すことができる（LeCount 2013 ＝2013）。

　さらに，当事者のニーズに応じたケースマネジメントを実現するために，ケアのレベルに応じたサービスの展開も重視している。ルコント（LeCount 2006 ＝2006）によると，ケアのレベル I は，地域の中で最も高いニーズを必要としている人々であり，約850人程度といわれている。これらの人々は総合的・包括的な支援が必要とされるため，医療・福祉における多職種チームで構成される積極的アウトリーチサービスを中心に利用している。具体的には，ACT モデルやデイサービス（ヤハラハウス等）が該当し，住居支援としては構造化された援助付き住居形態が適切とされている。また，必要に応じて緊急入院という選択肢も用意されており，積極的アウトリーチが中心となってケースマネジメントがおこなわれている。

　ケアのレベル II に該当する人々は約880人程度といわれている。これらの人々は，自分からサービスを選択し，複数のプログラムに参加することができるが，多少の積極的訪問が必要だと考えられている。したがって，このレベルの人々に対しては，複数の単独プログラムが用意されており，処方・投薬サービス，個人・グループを対象とした精神療法，援助付き雇用が必要に応じて利用でき，住居支援としては，援助付き・独立した居住形態の他に危機状態を安定させる住居が準備されている。これらのプログラムの中でも，マディソンモデルの特徴的なプログラムとして知られる SOAR は，ACT モデル等では対応

図 2-1　地域支援システムの概要

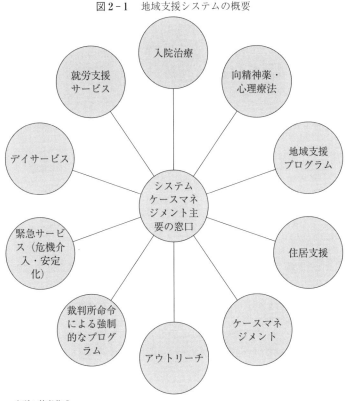

出所：筆者作成。

しきれないニーズに対する支援をおこなうプログラムであり，当事者スタッフが主体となって外出支援や服薬支援，余暇活動の支援などのアウトリーチを提供している。SOAR のケースマネジャーの 6 割は当事者で，1 人あたり 10〜20 名のケースを担当している（障害者制度改革推進会議 2010）。また，危機介入プログラムでは，24 時間体制で非常時における入院のゲートキーパーをおこなっており，相談の時点で入院を回避できると判断されるケースでは，危機状態の安定化を図るために当事者スタッフを含むアウトリーチワーカーチームが訪問による服薬管理をおこなっている。

サービスのレベルⅢは，ホームレスや精神保健福祉サービスにつながっていない人々へのアウトリーチを対象としており，約120人に対して，食糧・衣服・シェルターなどの基本的なニーズを提供すると同時に，経過に合わせて治療と統合する働きかけをおこなっている。その他，必要に応じて危機介入や安定化サービスを提供し，精神保健福祉サービスの幅を広げるための活動も積極的におこなっている。

　最後に，対象プログラムとしてのマディソンモデルを理解するうえで重要となるのが，認定ピアスペシャリストといわれる当事者の役割である。ウィスコンシン州ピアスペシャリスト認定試験の規定によると，認定ピアスペシャリストとなるためには，以下の3つのいずれかのトレーニングを受講し，試験に合格しなければならない。(1) Recovery Opportunity Center（ROC）：リカバリーの機会を提供するセンター，(2) Depression and Bipolar Support Alliance（DBSA）：うつ病や双極性障害のサポート団体，(3) National Association of Peer Specialists（NAPS）：ピアスペシャリスト協会（Wisconsin Peer Specialists 2014）。

　こうした高いハードルを越えた認定ピアスペシャリストは，マディソンモデルのサービス提供者として雇用契約を結び，地域で活躍している。2013年現在マディソン市を含むデーン郡全体で約55名の認定ピアスペシャリストが存在する（LeCount 2013＝2013）。認定ピアスペシャリストの活動は多岐にわたり，緊急サービスやACTのアウトリーチワーカー，または住居支援プログラムのスタッフやSOARのケースマネジャーなどである。彼らは，自身の経験の共有をしたり，ロールモデルとなったりしながら，リカバリーを促進する役割を担っている。


## マディソンモデルをフィールドとした調査

　マディソンモデルの中でもケアレベルⅠに該当するヤハラハウスに着目し，50代の男性メンバー2名を対象として，ナラティブインタビューを実施した。メンバーの平均利用期間は18.5年間であり，2名とも長期にわたりマディソ

ンモデルのサービスを利用している。また，調査は，マディソンモデルの視察に訪れた 2014 年 7 月 7 日におこない，ヤハラハウスの一室でそれぞれの対象者から 40 分ずつのナラティブインタビューをおこなった。インタビューの内容は許可を得てそれぞれ IC レコーダーに記録した。

ナラティブの位置づけとして，リカバリー概念は精神症状がありながら，希望を持って地域で生活しているユーザーのナラティブ分析から始まっていることから，ヤハラハウスのメンバーの中でも，特にマディソンモデルの中核となる認定ピアスペシャリストとして活躍しているメンバーのライフストーリーに着目した。クレスウェル（Creswell 2012）によると，ナラティブは個人の経験を個人の視点から学ぶ質的研究法であり，個人の経験の意味を明らかにするために適した研究方法であるといわれている。

また，ナラティブ生成質問として，「ヤハラハウスのメンバーになったきっかけから，認定ピアスペシャリストとして活躍する現在までのライフストーリー」について語ってもらい，その内容を英語としてテープ起こしをおこなってから，日本語に翻訳して分析をおこなった。

倫理的配慮としては，口頭で調査対象者に調査の趣旨を説明し，参加の同意を得た後，インタビューを開始する前に，プライバシーの厳守，データの秘密保持，インタビューの途中辞退についての説明をおこなった。録音テープの取り扱いについては細心の注意を払い，不要になった時点で消去することについても説明した。


## ナラティブから見えてきたこと

ヤハラハウスのメンバーによるライフヒストリーとして語られたナラティブの分析を通して，以下の 4 点が明らかになった。

### ① 自己決定が尊重される場との出会い

ヤハラハウスと出会う前の人生では，病気や障害を理由に自己決定が阻害されてきたという語りがあった。メンバーの一人はマディソン市に引越す前に市外の病院や異なる精神保健システムを利用しており，その中では，自分が決め

ることは常に医師や専門家など，第三者の承認が求められ，自分の人生が第三者にコントロールされているように感じていたと話していた。「14年前にマディソン市に引っ越し，ヤハラハウスと出会い，自分がやりたいと思うことが批判されることなく，あっさり受け入れられた。やっと安心して自分の気持ちを伝えられる環境に巡り合うことができた」「ヤハラハウスでは，一日の活動は朝と昼のミーティングで具体的に決める。そこには常に私の役割があり，それは誰かに決められるものではなく，『私が選択するという機会』と『私が決定するという機会』が存在する。こうした選択や決定は病気になってからあまり経験してこなかった。ヤハラハウスと出会うことがなかったら，今のような穏やかな気持ちにもなれなかったし，自分の人生に自信を持つこともできなかっただろう」と語っている。

　さらに，ヤハラハウスのメンバーもスタッフも自分が決定することに対して，「信じる」「信頼する」という姿勢を常に示してくれることを教えてくれたと語った。「ヤハラハウスでは，日々の運営をスタッフとメンバーが協働でおこなうため，いつも来ているメンバーが居ない時には，他のメンバーがその人の仕事を代わりにおこなう。そこには新たな業務にチャレンジする機会が常に存在する。メンバーやスタッフは，たとえその業務が難しいことだとしても，『できる』と信じて見守る。ヤハラハウスの人々は，メンバーの力を信頼する気持ちがあり，失敗したとしても誰かが必ず助けてくれるという安心感がある。こうした気持ちが存在する環境だからこそ，安心して思ったことを話したり，行動したりすることができる」。

　自分の人生を取り戻すためにも，選択する権利，そして決定する権利は必要な要素であり，こうした選択や決定を実現させるためには，それを受け入れる場，そして受け入れる人がなくてはならない。ヤハラハウスは地域のなかで，その両方を提供する場であり，利用者が安心して自己決定できる要素を持ち合わせているのだといえる。

### ②　あるがままの自分を認めてくれる場

　ヤハラハウスに通い始めた頃の自分を振り返ると，失敗ばかりで，上手くい

かないことのほうが多く，周りに迷惑かけることもあった。しかし，どんな自分でもあるがままに受け入れてくれるという経験を通して，あまり好きでなかった自分を次第に受け入れることができるようになったという語りがあった。「私は自分が病気のために，変わってしまったことが受け入れられず，否定し続けてきた。自分は存在すべきではないと思った時もあった。そして，自分に対する無力感をずっと感じ続けてきた。何をやっても思い通りにいかず，全てのことに反発した時期もあった。しかし，そんな私を認めてくる場に出会い，仲間と出会い，新たな自分と出会うことができた」「ヤハラハウスでは，活動にあまり参加できない日があっても，失敗をする日があっても，誰も私を否定することなく，普段と変わりなく周りが受け入れてくれる。そして私も相手を受け入れる。ただ単にそこに居るだけでよい。食事をしに来るだけでもよい。メンバーの顔を見に来るだけでもよい。それでよいと気づくことが大切なのだとわかった」と語った。そこには価値のある人間関係が存在していると考えられる。

　さらに，人生についての語りでは，「人生には友達が必要だ。友達でなくても，世間話ができる人，一緒に過ごせる人，自分を理解してくれる人，一緒にいてくれる人が必要なのだ」「相手に思いやりをもって接すれば，相手も自分に思いやりをもって接してくれる」と話していた。「朝起きて，ヤハラハウスへ来て，みんなに挨拶をしたり，一緒に笑ったり，仕事をしたり，食事をしたり，ごくあたりまえの日常生活を過ごす。特別なことをしてもしなくても，ＡさんはＡさん，ＢさんはＢさん，私は私，みんながお互いを尊重しながら生きている。そんなに難しいことではないけれど，難しいことだ」。

　これらの語りから，社会などの外的な抑圧だけでなく，自分自身による内的な抑圧から，自己否定感を持っていた利用者が，あるがままの自分を受け入れてくれるヤハラハウスの存在を通して，新たな自分を受け入れ，自己肯定感を持ち，エンパワメントされていくプロセスがみられた。

### ③　誰かの役に立つことが実感できる場

　自分の言動や行動が目に見える形で誰かの役に立ったり，喜ばれたり，お礼

をいわれたりすることで，自分にもできることがあると気づくことができたという語りがあった。「私は，病気の時は誰かの世話になっていたし，誰かの支援を受けなければ生きていけない存在だと感じることが多かった。しかし，ヤハラハウスと出会って，私も誰かの役に立つことができると感じられた」と話す。「ヤハラハウスはメンバーとスタッフがサイドバイサイド（横並びの関係）で一緒に活動をする。新しいメンバーが入ってくるとスタッフだけではなく，メンバーも教える。私もわからないことがあると他のメンバーやスタッフが教えてくれる。スタッフがわからないことがあると，私や他のメンバーが教える。メンバーだから，スタッフだからではなく，わかる人がわからない人に教えることがあたりまえになっている」。人と人の人間関係がヤハラハウスには存在しており，活動を通して自分ができること，得意なことをおこなう機会を持つことで，自分が本来持っていた力に気づき，それを取り戻すことができるようになるのである。

　また，ヤハラハウスのデイサービスとしての機能から得られる体験も多い。「ヤハラハウスはいつでも来ることができる場所であり，色々なことにチャレンジできる場所でもある。活動の中で色々な役割を持つことができる。今日は，私はお客様としてヤハラハウスに訪問してくれたあなたの案内人として対応することが一番の役割だし，あなたの満足度が私にとって一番大切なこと。あなたが満足してくれたら，私の役割は成功です」と話していた。

　人との関わりを通して構築する人間関係や多岐にわたる活動を通して自分の力を試す機会の提供は，ヤハラハウスの特徴でもあり，こうした機会がなければ，人生の中で新たなチャレンジをすることもできない。メンバーはヤハラハウスで提供される様々な機会を通して，自信の回復を図っているのだということがわかった。

### ④　人生を取り戻すための就労への道のりを示してくれる場

　ヤハラハウスでの経験から自信を取り戻し，ピアスペシャリストとして認定を受けたり，自分の仕事を持ったりすることにより，人生の回復を実感することができるようになったという語りがあった。「ヤハラハウスとの出会いがな

ければ，今の私があるとは思えない。ヤハラハウスと出会って，ヤハラハウスのメンバーとして過渡的雇用を体験したり，一般就労を経験したりした。私にとって，仕事はなくてはならないもの。仕事は私の生きる力になる」。2人のメンバーはヤハラハウスに所属しながら，自分の仕事も持っていた。

　また，スタート地点としてのヤハラハウスという語りについては，「誰もが，病院から社会へ出て，いきなり仕事に戻るのはしんどい。私も長い治療体験からいきなり社会へ出ていく自信はなかった。ヤハラハウスで色々な経験をして，少しずつ自信を取り戻し，社会へ出ていく。認定ピアスペシャリストとなることもその一つ」そして，「私は昔やっていたことや得意なことを活かして，今は自分で仕事をしている。私は仕事をすることで，リカバリーできたと感じる」と語った。

　ヤハラハウスがより多くのメンバーの就労を目指している理由の一つは，就労への道のりは，リカバリーへの道とつながっていると信じているからである。障害が重度であったとしても，就労はメンバーの人生にとっての希望であり，その希望を叶えるための場所としてヤハラハウスは活動を続けていることがわかった。

### 連携やリカバリー志向の理念を事業の中に浸透させる

　アンソニー（Anthony 1993）のリカバリー概念に立ち返るとすれば，ヤハラハウスのメンバーは自分の人生に希望と責任を持っており，意味のある人生を送っていると考えられる。その背景には，ヤハラハウスが，(1)自己決定を尊重する場であり，(2)あるがままの自分を認めてくれる場であり，(3)誰かの役に立つことが実感できる場であり，(4)人生を取り戻すための就労への道のりを示してくれる場でもあるということがいえる。地域で精神障害のある人々を支えていくために運営されているプログラムの一例として，ヤハラハウスはメンバーにとってリカバリーに必要な要素を活動を通して提供しているといえる。

　また，マディソンモデル全体が認定ピアスペシャリストも含め，人と人のつながりを重視し，必要な時に必要な支援が受けられるようなシステム内におけ

る関係性を構築している。とりわけヤハラハウスでは，就労から医療的なケアを含めた包括的なサービスを提供しながらも，いつでも来ることができる場としての活動を継続しており，メンバーとスタッフ，メンバー同士といった関係性が作用していることもわかる。人々が集う場から得られる相互作用は計り知れず，こうした要素もリカバリーの一躍を担っているといえる。

　マディソン市では，医療・保健・福祉の全てを地域の中で包括的に提供することにより，状態が不安定になっても安心して生活を継続できる環境を整えており，その支援内容についても，ヤハラハウスを一例として，一人ひとりの人権を尊重しながら，いつでも安心して居られる場所となっている。さらに，認定ピアスペシャリストの活躍が多様なプログラムの中にみられ，障害があっても希望の持てる人生を送っている人々が日々支援に携わっている。ロールモデルが街の中で活躍する姿は，認定ピアスペシャリストにとってのリカバリーとなり得るだけではなく，こうしたロールモデルの活躍を見ている人々にとっても自らのリカバリーにつながり，新たな人生の一歩を歩み出すきっかけにもなり得ると考えられる。すなわち，ハード面として精神障害のある人々の地域生活を支援する包括的な事業を街全体に展開するだけではなく，ソフト面として医療・保健・福祉の連携やリカバリー志向の理念を事業の中にも浸透させているといえる。こうした状況を展開するまでの道のりには，専門職による精神障害のある人々に対する視点が大きく関わっていると推測される。それはトリエステで見られるような「人権」に対する働きかけも大きく影響しているのではないだろうか。

## 2　日本の地域生活支援

　日本の地域生活支援では，マディソンモデルのような総合的かつ包括的なシステムとしての事例をみることはない。しかしながら，日本で福祉的な実践が全く発展していないというわけではない。日本における地域生活支援への試みは1970年代から各地域で進められており，その基礎となるシステムやモデル

第2章　地域精神保健福祉における実践と理念

も独自の展開をみせている。とりわけ地域資源が乏しい初期の時代に，先陣を切って先駆的な実践を繰り広げていったソーシャルワーカーたちがどのように地域を開拓していったのかを振り返ることは，現在の地域支援をつなげていくための重要な視点になる。それぞれの地域において，ソーシャルワーカーが試行錯誤しながら切り開いていった実践には，精神障害のある人々を障害者としてではなく，人と人との関係性の中で一人の人として生きることの意味に共に向き合った支援者の想いが込められていると感じる。ここでは，具体的な実践事例として，日本のベストプラクティスとして承認されている「やどかりの里」，「浦河べてるの家」，「JHC 板橋会」の３つのモデルを取り上げる。

### やどかりの里

　入院医療中心で発展してきたわが国の精神保健福祉のなかで，精神障害者の社会復帰という概念が使われるようになったのは 1960 年代に入ってからのことである。精神衛生法制定後まもなく，デイケアセンターに関する報告書が発表されている。松永（1967）によると，1960 年代におけるわが国の地域生活支援の実践はほぼ皆無の状態であり，社会復帰関連の試みは院内作業・院外作業に留まっている。1967 年に記録されているデイケアセンターの活動は，国立精神衛生研究所と浅香山病院の２か所だけであり，どちらも病院に付随した施設という位置づけが強い。

　精神科デイケアの歴史は，1958 年に国立精神衛生研究所で試験的に始められた活動が精神科デイケアの初の試みであり，５年後の 1963 年になって本格的にその活動が開始されている。1960 年代の地域ケアは，精神保健福祉としての社会復帰ではなく，精神医療における社会復帰の概念が色濃く表れているといえよう。

　こうしたなか，医療とは異なる視点から地域生活支援の扉を開いた最初の実践として知られているのが埼玉県さいたま市「やどかりの里」である。やどかりの里の実践は，1970 年代に谷中（1974）が入院中の患者に対し製作所の住み込みとして宿舎を提供するという試みをおこなったのがきっかけだと考えられ

47

ている。精神障害のある人々に対する先駆的な試みとして，受け入れ先があれば退院できる状態にある社会的入院患者に対して，病者ではなく，一人の人としての生活を保障するという考えを主体として展開してきた。精神科病院でもなく，収容施設でもない精神障害のある人々のアフターケアを提供する共同生活の場は，生活者として社会の中になじんでいく環境だけではなく，共同生活を通じてコミュニケーションを学習する機会も提供した。また，生活と医療を切り離すことにより，支援する側も患者という視点ではなく，生活者という視点において関わりを持ち，そして当事者同士も相互関係による福祉的支援関係を展開することができたのである（谷中 1974：1979；やどかりの里 1990）。

　こうして，やどかりの里は 30 年以上の年月を経て，人口 15 万人の地域に対し，生活支援センター 4 か所，グループホーム 12 か所，福祉工場 1 か所，憩いの場／憩いの家 6 か所，援護寮 1 か所，授産施設 1 か所，作業所 6 か所を整備し，地域における生活支援体制を確保する独自のシステムをつくりあげ，現在も地域や町を含めたネットワークづくりをおこなっている。地域で生活する人々の多くは，グループホームやアパートで生活しており，地域生活支援センター，作業所，授産施設，福祉工場などの複数の事業所を利用しながら生活しているのである（谷中 2002）。こうして，障害にとらわれることなく地域の中でごくあたりまえに生きるというやどかりの里の理念は，開設から約 50 年が経過する今もなお変わることなく継続されており，わが国の地域生活支援の原点として，各地域で様々な影響を与えているのである。

　次に，やどかりの里でおこなわれている実践理念に焦点をあてると，やどかりの里では，ごくあたりまえの生活を実現するために①生活者としての視点，②そのままを認め受け入れる姿勢，③連帯のなかの自立，④自尊心の回復が語られている。谷中（2002）は，生活者の視点を尊重するために，患者としてではなく，一人前の普通の人として，そして責任能力のある自己決定のできる人として待遇することが重要だとしている。スタッフとメンバーも平等・対等な関係を保ち，パートナー関係を築きあげると同時に，相互援助活動を維持しながら，地域の中の生活者として共働で生活支援を継続していく必要があると説

いている。

　また，そのままを認め受け入れる姿勢として，生活者として社会で普通の人並みの生活を追及するのではなく，独自性としての個人のライフスタイルとその人なりの生活を認め，それを受け入れることが必要だとしている。そのために，生活の形を変えるのではなく，必要なことを補強したり補完したりすることが大切だと考えられている。

　連帯のなかの自立は，就労し独立していっても生活支援を継続する必要性があるということである。就労を達成し完全に独立したとしても，人と人のつながりや相互支援が得られない環境では，再発・再入院につながる傾向が強いため，自立・独立と共に依存という側面を持ちながら，生活を継続できる環境をつくることが，その人なりの生活につながっているといえる。

　そして，自尊心の回復では，生活支援のアウトカムとしての生活の質（QOL）の向上は，目標としていた生活を実現できたという自分自身に対する自信から生じるものであり，自らの人生の可能性に対する探求が自尊心の回復につながると考えられている。したがって，やどかりの里では，これら4つのプロセスを重視したプログラムが展開され，その実践が日本の地域生活支援の原型として知られている。

### 浦河べてるの家

　やどかりの里から少し遅れて展開されていったのが，北海道浦河町にある「浦河べてるの家」（以下，べてるの家）である。人口1万5,000人が住む北海道の小さな海辺の町で生活する精神障害のある人々の活動が，年間2,500人以上の人々が訪れるという魅力溢れる場所にしている。この場所が人々を惹きつけてやまない理由は，そこに住む人々の生活を支え続けている，べてるの家の理念とその活動にあるといえる。べてるの家の歴史は，北海道の過疎地域に赴任した向谷地生良が1978年に活動支援として設立した「どんぐりの会」という回復者クラブに始まる。

　向谷地（2005）は，自らの経験から専門家と当事者の関係に目を向けて，専

門家による指示的・指導的・管理的なコミュニケーションが，精神障害のある人々の依存的・非言語的・病的なコミュニケーションを生み出していると指摘し，この関係の歪みこそが関係の障害であり，悪循環の相互作用につながっていると説いた。それゆえ，回復過程におけるソーシャルワークのアプローチは実践のなかの最も重要な要素であると考えられ，この支援活動を通じた経験から，当事者の力を尊重した数々の独自の実践理念を生み出しているのである。

　現在，年商1億円を超えるというべてるの家の活動は，1983年に病院を退院した回復者数名による昆布の袋詰めの下請け作業から始まった。研修，見学プログラムを主体とした地域交流事業・農産，水産，清掃，製麺を主とした新鮮組事業・日高昆布の商品化，Ｔシャツの製造，ビデオや出版の製造を主とした販売製造事業・店頭販売を行う4丁目ぶらぶらざの4つの事業に加え，地域で生活する人々に共同住居とグループホームを提供している。また，仲間同士が生活を支援する数多くの自助グループを結成し，三度の飯よりミーティングといわれるほどミーティングが盛んであり，グループを通じての話し合いにより自らの回復につなげるというプログラムが生活の一部として重要視されている。そのほかには，自らの体験エピソードを研究という視点で捉え，その対処法を仲間と考案する当事者研究がおこなわれ，年に1度のべてるまつりでは，一番素晴らしい幻覚妄想の体験談を持っている人をグランプリとして賞する幻覚・妄想大会がおこなわれている。

　揺るぎない独自の実践理念を全国へ発信し続けているべてるの家の理念の中で，最も象徴的なのが①昇る人生から降りる人生，②安心してサボれる会社づくり，③べてるの繁栄は，地域の繁栄，である（向谷地 2001）。向谷地（2002）によると，当事者の多くは病院という管理的・保護的な環境の中で，生きるための苦労から分離された状態にあると考えられている。①昇る人生から降りる人生では，生活のなかで発生する多くの事柄が人として必要不可欠な要素であり，生きるための苦労を経験することにより人とつながり，人生における苦悩や苦しみ，不安や虚しさも生きているという証だと考えられている。すなわち，人生を足し算とは逆に引算で生きることが，本来の自分と出会う価値のある人

第**2**章　地域精神保健福祉における実践と理念

生の始まりだといえる（横川 2003）。

　精神障害と共に生きる人の多くは，再発をきっかけに仕事を転々とし，休み
たいけれど休めないと無理をしすぎて再発してしまう経験をすることが多い。
そんな中で安心してサボれる会社づくりという理念は，仕事における一人の負
担をチームメンバーで相互に支えあいながら負担していくもので，相互支援の
中から生まれるコミュニケーションを増進し，仲間の応援も増えていく。そし
て，安心してサボれるからこそ，安心して自分の弱さを表現でき，安心して病
気を出せるという環境が提供されているのである（浦河べてるの家 2002）。病
気をマイナスの視点から捉えるのではなく，病気と共に，自分らしく生きる場
所，それがべてるの家なのである。

　そして，障害とは異なる視点から捉えると，過疎地にある浦河町は，漁業の
衰退と高齢化が進み，活気も人通りも少ない海辺の小さな町である。この過疎
の町で障害者に何ができるのかを考えるのではなく，「健常者と地域のために
できること」を考えようという仲間たちの視点が，地域の繁栄という理念につ
ながっている（浦河べてるの家 2002）。全国展開する日高昆布の販売，地域の
人々を対象とした介護用品の販売，そして年間 2,500 人以上の訪問者を浦河町
に迎え入れる地域活性効果は絶大なものであるといえる。こうしてべてるの家
では，病気であることを人生のマイナスとしてではなく，プラスに変える支援
を提供するモデルを展開している。


## JHC 板橋会

　東京都板橋区にある JHC 板橋会もまた，わが国の精神障害のある人々の生
活支援を代表する組織として多くの実績を形にしている事業体である。生きる
ことの課題を共有し，パートナーとしておこなう共同活動を促進し，共に支え
あうまちづくりをキーワードに共同・共有・交流を意味する Join，地域にお
ける拠点を意味する House，そして調和を意味する Cosmos を併せて JHC と
証している。この非営利組織は 1983 年に精神病院に勤務する 11 名のソーシャ
ルワーカーによって始められ，ノーマライゼーション理念のもと障害を持って

51

生活する個人の可能性と社会との関連性をつなぎあわせる活動を中心に，当事者や家族，住民，行政関係者が一緒になって誰もが地域の一員として支えあって暮らせる，あたたかいまちづくりを目指している（寺谷 2001）。

　JHC 板橋会の地域生活支援システムは作業所が 5 か所，夜間ケアが 3 か所，クラブハウス，グループホーム，ピアサポート・ネットワーク・センター，社会就労センター，地域生活支援センターから構成されており，サービス利用者は総勢約 460 人といわれている。80 年代から 35 年以上の活動によって発展したこのシステムは，活動を開始した 11 人の有志の力だけでなく，医療機関および行政，そして地区の住民とのパートナーシップによって展開することができたといわれている。また，JHC 板橋会の特徴的なサービス支援体制としては，提供者の半数がボランティアで構成されており，また，コンシューマー（当事者）11 人がピアカウンセリング研修等の受講を経てサービス提供者として運営に携わっている点である（寺谷 2002）。

　そのほかに実施されている JHC 板橋会の中で特徴的なのがクラブハウスJHC サンマリーナの活動である。JHC サンマリーナは 1992 年に日本で初めて世界クラブハウス連盟（International Center for Clubhouse Development：以下，ICCD）に登録されたクラブハウスであり，その活動は全世界の精神障害者のリハビリテーションの源流として全世界でおこなわれている。クラブハウスは相互支援システムが基本となっており，事業の中でおこなわれる活動の全てにおいてメンバーの参加が求められている。地域で生活する仲間の支援を自らの経験を活かして展開するピアサポートの役割と，過渡的雇用といわれる独自の就労支援のスタイルが特徴的であり，当事者と共に創りあげる活動という，ごくあたりまえの成り立ちを JHC 板橋会では確認しながら歩みつづけているのである（寺谷 1995；2005）。

　JHC 板橋会の活動理念は，日本国憲法第 25 条「すべて国民は健康で文化的な最低限度の生活を営む権利を有する」，精神保健福祉法第 3 条「精神的健康の保持増進に努め，精神障害者の社会復帰への理解と協力に努める」，そして板橋区基本構想でもある「ともに支え合うあたたかいまちづくり」という 3 つ

を掲げており，この理念を基に成り立つ活動の姿勢は，①誰もが地域の一員として立ち寄れる場所であるというアクセス面を重視した姿勢であり，実際にJHC板橋会の関連施設の設置状況は，区内を4つの地域に分割した周辺での生活支援体制を整備している。

また，②誰にでも理解でき，誰でも参加できる支援プログラムとして，働きたいという希望，一人暮らしができるようになりたいという希望，友達がほしいという希望，趣味や学習を続けたいという希望，人の役に立ちたいという希望を尊重し，それぞれの願いや希望を叶えるためのプログラムを5つの異なる事業所において実践しているのである。

さらに，③地域の人々にとって身近な資源であり，そして地域の財産として必要とされることを目標として，在宅高齢者の給食サービスを提供し，自主製品を学校や市民グループ，喫茶店などにも販売することで地域経済の活性化の一翼を担っている。

そして，④障害の有無にかかわらずパートナーとして支え合うまちづくりを実現させるために，ピアサポートとしてのコンシューマーの雇用およびボランティアの関わり，カルチャー講座の開講による住民サービスの提供など，当事者と住民による共同活動が展開されている（寺谷 2008）。JHC板橋会では，一人ひとりの夢や希望を実現させるための支援を地域が一体となって支援する体制をもとに，そのモデルが構築されているといえる。


### 日本の地域生活支援で，共通に見られる点

これらの実践の特徴は，単一の事業体が複数の事業を運営しており，必要に応じて異なるサービスを提供できる点である。それは一つの事業所によっておこなわれるのではなく，地域に点在する複数の事業所が連携をはかり，実施している。同一法人内で事業展開することによる囲い込みの問題は否めないが，日本の事業所の単位は小規模であり，利用者にとって身近でアクセスしやすい範囲にサービスを点在させることで，地域密着型のサービスを提供しているといえる。

また，今回取り上げた3つの地域生活支援は，異なる地域において異なる時代背景のもとで生まれた実践であるにもかかわらず，複数の共通要素がみられる。例えば，障害にとらわれず，人と人としての平等・対等な関係を築き，パートナーとして共働で地域生活を営むという生活者としての視点を掲げるやどかりの里の理念は，メンバーとスタッフがパートナーとして支えあいながら街づくりを行うJHC板橋会の実践理念と共通している。また，べてるの家の安心してサボれる会社づくりの背景には，病気と共に自分らしく生きることを尊重するという意味が含まれており，これはやどかりの里のそのままを認め受け入れるという理念と類似している。

　さらに，障害のある人々の事業体として地域から受け身で支援を求めるのではなく，地域の資源となる活動に力を注ぎ，地域の活性化の一翼を担うという視点は，べてるの家やJHC板橋会の共通理念であるといえる。これらの共通点からみえてきたことは，日本の地域生活支援では，①当事者と支援者が相互関係を基盤としたパートナーシップを築き，②自分らしさ・あるがままを尊重し，③地域の資源となり，共に歩むという視点を重視していることがわかる。さらに，その背景には，実践を切り開いてきたソーシャルワーカーたちが，精神障害があっても病院ではなく，地域で人間らしく生活すべきだという想いを胸に突き進んでいった様子がうかがえる。その想いを現場のソーシャルワーカーが受け継ぐことで，精神障害のある人々を取り巻く地域が変わっていくのではないかと感じる。

# 第3章

# 居住の視点を重視したソーシャルワークの展開

　第2章では，システムとして地域で生活する精神障害のある人々を包括的に支援するリーディングモデルとしてアメリカウィスコンシン州デーン郡マディソン市に焦点をあてた。マディソンモデルでは，利用者の多様なニーズに対応するためのシステムが整備されているだけではなく，システムの中で理念としてのリカバリーを促進するような多様な活動を実践していることがわかった。一方で，独自の展開をおこなってきた日本の地域生活支援は，リカバリーやストレングス，エンパワメントといったソーシャルワークの理念を具体的な実践として展開し，それぞれの地域ごとに活動を展開してきている。地域におけるモデルとして完成されているわけではないが，小規模な活動としてのソーシャルワーク実践は地域の中で根強くおこなわれている。

　ここからは，地域実践を「日中活動」と「居住」という2つの角度から捉え，それぞれの実践で求められる支援の視点について検討をおこなう。最初に，ノーマライゼーションの理念を確立していったデンマークとスウェーデンにおける日中活動と居住に焦点をあて，福祉国家におけるこれらの支援の位置づけについて考察をおこなう。次に日本の具体的な居住支援として，グループホームを題材として取り上げ，入居者に対する支援のあり方について考える。

## 1 ノーマライゼーション理念を反映する居住と日中活動
――デンマークとスウェーデンにおける地域生活支援

### 両国の精神障害者を取り巻く課題

　福祉国家として知られるデンマークとスウェーデンは，障害のある人々の日常生活に大きな変化をもたらしたノーマライゼーションが提唱された国々でもある。ノーマライゼーションの父として知られるデンマークのバンク＝ミケルセンは，「1959 年法」のなかで，ノーマライゼーションはヒューマニゼーションであるとし，ヒューマニズムの立場から，ハンディキャップのある人々を一人の人として社会での存在を認め，ハンディキャップのない人々と同じの文化的・宗教的・社会的状況の下で同様の生活が送れるように，あらゆる対策を講ずるべきであるとした（花村 1998）。たとえハンディキャップがあっても平等な人として受け入れ，可能な限りチャンスと可能性を保障すべきであると唱えたのである。

　また，スウェーデンのニィリエは，どこに住んでいてもノーマルな生活にできる限り近い生活条件が得られるようにすべきであるとし，「一日のリズム」，「一週間のリズム」，「一年のリズム」，「ライフサイクルにおける発達的経験」，「個人の尊厳と自己決定権」，「文化における性的関係」，「社会における経済水準とそれを得る権利」，「地域における環境形態と水準」という 8 個の項目の全てにおけるノーマルな生活状態の基礎的定義が，ノーマライゼーション原理の基礎と独自性を形成していると唱えた（河東田ほか 2004）。こうして，バンク＝ミケルセンとニィリエによって，ハンディキャップのある人々もハンディキャップのない一般の人達と同様にノーマルな生活を送る権利があるという考え方が社会に浸透し，デンマークやスウェーデンといった北欧諸国では，その理念が政策に反映されていったのである。

　1980 年代に入り，ノーマライゼーションは「国連障害者年」においてテーマになると同時に，「完全参加と平等」を実施するための行動計画の中にも反映され，ヨーロッパそして全世界へと次第に広がっていった。その具体的内容

は，障害者の社会への統合と社会の発展への完全参加，および障害のない人と平等な経済的・社会的生活の実現であり，この考えが日本の障害者福祉施策にも影響をあたえていく（野村 2004）。実際に「国連・障害者の十年（1983～1992）」が終了する頃には，日本でもノーマライゼーション理念が政策レベルでも現場レベルでも頻繁に語られるようになり，1993 年には「心身障害者対策基本法」が「障害者基本法」へと改正され三障害が定義上で統一された。また，障害者基本法改正に伴い，精神障害のある人々の自立と社会参加促進を目的とした「精神保健福祉法」が 1995 年に成立し，「障害者プラン～ノーマライゼーション七ヵ年戦略」としてノーマライゼーションという言葉が施策に使われるようになっていった（谷野ら 2005）。こうして，日本ではデンマーク・スウェーデンから遅れること約 30 年，ようやく障害福祉の分野においてノーマライゼーションが理念として受け入れられるようになったのである。

　しかし 2018（平成 30）年度版の『障害者白書』（内閣府 2018）によると，7万 3,000 人の身体障害のある人々，12 万人の知的障害のある人々，そして 31万 3,000 人の精神障害のある人々が施設や病院で生活しており，身体障害のある人々の 1.7％が入所，知的障害のある人々の 11％が入所，精神障害のある人々の 8％が入院しているという計算になる。また，「障害者の地域生活の推進に関する検討会」によると，障害のある人々の地域移行の実態として，2008年から 2013 年までの 5 年間で施設や病院からグループホームへ入所した身体障害のある人々は 1,390 人から 5,019 人，知的障害のある人々は 3 万 1,063 人から 5 万 5,733 人，精神障害のある人々は 1 万 1,136 人から 2 万 961 人となっている（厚生労働省 2013）。日本における地域移行は極めて慎重かつ緩やかにおこなわれており，とりわけ精神保健福祉の分野では，身体障害・知的障害の約 3 倍の人々が未だ病院で生活しており，5 年間で 9,825 人がグループホームへの入居を実現したものの，1 年あたり 2,000 人以下で推移している計算となる。自宅やアパートなど，グループホーム以外の場所へ移行していくケースもみられるが，法的に整備された地域の住居へ移行していく人々の実態はノーマライゼーションとは程遠い現実だといえる。

ノーマライゼーションの具現化に向けて，デンマークとスウェーデンでは自治体を中核とした精神保健福祉改革がおこなわれてきた。デンマークでは1980年代から，入院病床を削減すると同時に地域の受け皿を整備し，かつて精神科病院のスタッフであった精神科医や看護師は地域精神医療班としての訪問治療を開始した（國方ら 2010）。また，1995年に精神保健福祉改革を実施したスウェーデンでは，自治体直営による居住を中心とした地域の支援体制を整備し，施設処遇から地域ケアに向けて大きくシフトした。重度の精神疾患のある人や良好な生活条件のための支援が必要な人のケアを最優先とすることで，重度の人々の再入院の予防策を講じたのである（石田 2013）。その結果として，2011年の精神病床は人口1万人あたりデンマークで約5.7人，スウェーデンで約4.7人まで減少し，その数を前述した26.9人である日本と比較すると，日本はデンマークの4.7倍，スウェーデンの5.7倍を示している（OECD 2014）。

　しかしながら，これらの実績にもかかわらず，デンマークやスウェーデンの精神保健医療福祉を題材とした研究はあまり例がなく，とりわけノーマライゼーション理念を根底とした地域生活支援は事業所の紹介を中心とする実践報告にとどまっている。したがって，本研究では，社会福祉の基礎的理念ともいえるノーマライゼーションが，福祉施策や福祉実践に反映されている福祉国家を中心に，精神障害のある人々に対しての地域生活支援の視点を日中活動支援と居住支援の両面から明らかにすることを目的として実施した。なお，本研究における福祉国家とは，エスピン＝アンデルセンが提唱した福祉国家類型論において，社会民主主義レジームとされるスカンジナビア諸国（Esping-Andersen 1990＝2001），とりわけ本文ではデンマークとスウェーデンに焦点をあて，福祉国家とする。

### インタビュー調査の方法

　本研究では，スウェーデンとデンマークにおける地域精神保健福祉関連の事業所において，スタッフ・当事者からのインタビュー調査をおこなった。イン

タビューを実施した事業所は，スウェーデンとデンマークでクラブハウスモデルとして日中活動をおこなっている事業所2か所と，居住支援をおこなっているグループホーム2か所の合計4か所の事業所であった。これらの事業所の構成要素や対象者数は地域の事業所の中でも代表的なものであり，日本から調査協力を依頼して，了承が得られたものを対象とした。

また，インタビュー調査の実施時期は第1回目を2014年3月21日〜28日，第2回目を2015年9月17日〜22日とし，日中活動の事業所では5名のスタッフと2名の当事者，グループホームでは4名のスタッフを対象とした。インタビューの主な内容として，①事業所が具体的にどのようなサービスを提供しているのか，②どのような体制で事業が成り立っているのか，③事業所を利用している人々の権利をどのように尊重しているのか，④ノーマライゼーション理念を尊重する専門職としての支援の視点がどのようなものかという4点に焦点をあてた。

なお，インタビューは原則として英語でおこなわれたが，母国語での説明が必要な場合は，適宜通訳が対応する形となった。録音されたインタビューデータは英語のままテープ起こしをおこない，その内容を日本語に翻訳しインタビュー結果とした。

倫理的配慮として，研究協力の依頼に際し，各事業所に対して研究の趣旨について説明をおこない，調査結果についても，本研究以外の目的では使用しないことを説明し，了承を得た。

## 1　研究結果：日中活動支援（クラブハウス）

日中活動支援をおこなうクラブハウス（写真3-1，3-2）は，1940年代にニューヨークで始まった精神障害のある人々による自助活動を基盤とした活動であり，当事者（以下，メンバー）とスタッフが共同でクラブハウス運営のための業務をおこなうなど，相互支援を通してリハビリテーションそしてリカバリーを促す役割を果たしている（平澤 2014）。デンマークとスウェーデンでは

写真3-1　デンマークのクラブハウスの外観

　ノーマライゼーション理念が浸透し始めると同時に，精神障害のある人々を対象とした日中活動支援としてクラブハウスモデルを取り入れるようになり，現在クラブハウスインターナショナル（CI）に正式認定されているクラブハウスは，デンマークで8か所，スウェーデンで11か所となっている。今回の調査対象としたデンマークのクラブハウスでは1日に40～50人程度のメンバー，スウェーデンのクラブハウスでは1日に30～40人のメンバーが利用している。地域精神保健福祉分野におけるクラブハウスの認知度は高く，グループホームや他の事業所でも日中活動の拠点として利用されている。

　事業所が具体的にどのようなサービスを提供しているのか
　クラブハウスにおける日中活動は，クラブハウス連合が規定している国際基

写真3-2　スウェーデンのクラブハウスのダイニングルーム

準に従って提供されているため，そのサービス内容はデンマークとスウェーデンで類似するものが多かった。例えば，ユニットと呼ばれるクラブハウスの活動部署には，受付ユニット，キッチンユニット，オフィースユニット，教育ユニット，ガーデンユニットが置かれ，それぞれのユニットでおこなわれる朝と昼のミーティングで携わりたい活動をメンバーとスタッフが確認し合い，メンバーが主体的にその日の活動を自分で決定していた。また，活動の方法については，スタッフが主導権を持つのではなく，メンバー同士，メンバーとスタッフが協力し合いながら，横並びの関係性の中で求められる業務をこなしているとのことであった。クラブハウスの中では，メンバーは管理され・指示されるのではなく，自主的に自分がやれる活動・やりたい活動をおこない，その中におけるスタッフの役割は指導者ではなく，一緒に仕事をする仲間として必要な部分を補い合う。メンバーは「ここには自分の役割があり，それをみんなが同じ目線で取り組んでいる。だからクラブハウスでは，自分は障害者であるとい

うことを意識しなくてもよい」と語ってくれた。

　また，普段のクラブハウスに関する活動以外に新たな取り組みとしておこなっているのがデンマークの「若者プロジェクト」とスウェーデンの「学生プロジェクト」であった。「若者プロジェクト」は地域に生活する精神障害のある青少年，地域に馴染めずに生きづらさを抱えている青少年が集う場所として活動がおこなわれていた。「若者プロジェクト」はクラブハウスの通常の活動とは別の基準で運営されており，料理や絵画，陶芸や園芸などの活動に本人が希望すれば条件なく参加できるしくみとなっていた。また，スウェーデンの「学生プロジェクト」は近隣の大学内にある学生相談室と連携を図り，精神障害のある学生，大学で馴染めない学生，外国籍の学生等を対象に，2名の非常勤ソーシャルワーカーが精神的な支援を提供するメンターとしてプログラムを運営していた。「学生プロジェクト」はクラブハウスの一部として認められており，クラブハウス理念を反映させながら，他のメンバーと共に活動をおこなうしくみであった。

## どのような体制で事業が成り立っているのか

　デンマークのクラブハウスはデンマークの基礎自治体（以下，コムーネ）からの補助金と民間企業等による寄付金から運営されており，非営利団体が運営していた。したがって，経営状況は不安定な部分も否めず，補助金や寄付金の内容によって活動の内容も変化する可能性があるという。前述した「若者プロジェクト」もそのほとんどが，コムーネからの補助金によって運営されている。コムーネが地域で増え続ける，生きづらさを抱えた若者に対する支援をクラブハウスに委託した形である。

　「若者プロジェクト」を含め，クラブハウスとコムーネは年に数回のミーティングをおこない，クラブハウスは利用者の状況や運営状況，日中活動としての効果が問われる。現在，デンマークにはコムーネが直営で運営責任を持つデイセンターとクラブハウスのような非営利組織が運営している日中活動支援の両方が混在し，クラブハウスのような非営利組織が運営する活動は増加傾向に

あり，増え続ける社会的課題に対しての対応に追われているということであった。

スウェーデンのクラブハウスもデンマーク同様の形で基礎自治体（以下，コミューン）からの補助金と民間企業からの寄付金から運営されており，デンマーク同様に非営利団体であった。スウェーデンには，相続人がいないことで蓄積される遺産を国が管理し，それを地域に必要な福祉サービスの運営資金として補助金に充てる「遺産銀行」というシステムがあり，こうした補助金に申請することにより，事業費を捻出しているという。

コミューンからの補助金は３年に１度となっており，これまでの事業の成果を踏まえて，次の補助金を獲得するための申請をおこなっている。もしコミューンが補助金を認めなければ，クラブハウスの活動は民間企業からの寄付金だけで賄わなければならなくなるため，運営していくことが極めて困難な状況に陥るという。したがって，「学生プロジェクト」のような地域の学生を対象とした新しいプロジェクトはクラブハウスの活動として大きな成果となっており，成果を測りにくい精神障害の分野で活動を継続するために色々な試みが求められているという話であった。また，スウェーデンもデンマーク同様，コミューン直営のデイセンターと非営利組織が運営する福祉サービスが混在しており，非営利組織の存在が年々増えていると説明を受けた。

**事業所を利用している人々の人権をどのように尊重しているか**

デンマークのクラブハウスのスタッフは，「自分が持っているものと同じものを相手にも提供するべきである」という視点から支援をしており，障害があるから，貧困者だから，移民だからという理由で人は判断されるべきではないと説明してくれた。誰もが人生の中で生きづらさを経験する。例えば誰もが失業して国から支援を受ける。だから居住支援も就労支援も経済的な支援も普通の人が受けるのと同じように精神障害のある人々もあたりまえに受ける権利があるということであった。

また，「Aさんにとって意義のあることだとしても，必ずしもそれがBさん

にとって意義のあることだとは限らない」。だからこそ，それぞれのメンバーが自主的に参加したい活動を選択するしくみが必要であり，クラブハウスはメンバーが自分のプログラムを選択することで，その人の権利を尊重しているのだと説明を受けた。そして，教育というのは学校に座って学ぶことだけではない。クラブハウスの受付で電話の対応を学び，キッチンユニットで料理を学ぶことも教育の一環である。したがって，クラブハウスではメンバーが教育を受けるという権利も提供しているのだという。

　スウェーデンのクラブハウスのスタッフは，「人が人であることの大切さ」について説明してくれた。その意味は，人は誰もが人として尊重され，生活が保障され，意義のある人間関係を築く権利があり，クラブハウスの中ではスタッフかメンバーかという立場の違いにかかわらず，「人が人であることの大切さ」が達成できるような関わりをおこなっており，この活動を通して世の中にある偏見を少しでも取り除くことができれば，クラブハウス内だけでなく，社会で人権を尊重することに貢献できるということであった。また，人を人として尊重するということは，クラブハウスモデルのスタッフとメンバーの関係性と同じであり，障害の有無にかかわらず，同じ目線で同じ立場で活動をおこない，共にクラブハウスを盛り上げていくことであり，この理念は障害のある人々の日中活動支援における最適なモデルであるということであった。

### ノーマライゼーション理念を尊重する専門職としての支援の視点はどのようなものか

　デンマークのクラブハウスの職員によると，自分はここで職員として勤務しており，運営していく上で必要な業務をおこない，必要とされる支援を提供しているけれど，基本的にクラブハウスの中ではメンバーとスタッフは平等だと語る。クラブハウスの理念としてスタッフとメンバーは横並びの関係性だと考えられており，この考え方は人としてあたりまえに持っている平等という権利でもあるため，支援をおこなう上でとても重要な視点であるということであった。また，メンバーの持っている希望や可能性を尊重し，障害のある人だから

就労することは難しいであろうと頭ごなしに判断をするのではなく，重度の障害があっても同じように就労に向けた支援を受けるのはごくあたりまえのこと。障害の程度にかかわらず，本人が希望すれば本人に合った仕事を得るために一緒に探すことが必要であるし，就労先も必ずどこかにあるはずであると教えてくれた。

　スウェーデンのクラブハウスでも同じような話を聞くことができた。クラブハウスではメンバーとスタッフは平等であり，外から入ってきた人は誰がメンバーで誰がスタッフなのかはわからない。それぐらい私たちは平等に仕事をしている。そして，メンバーからは，「ここにいると自分が精神障害があるのだということを忘れてしまう」という声が聞かれ，スタッフがメンバーと同じ目線で関わりを持ち，コミュニケーションを図り，共に活動をおこなっていることが伝わってきた。また，クラブハウスミーティングなどで提案された案件はどんなに小さな事でも，メンバーから出された意見であれば，必ず議論の対象にしているし，解決する方法があるのであれば全体で考えるようにしている。声が届きにくい人たちの声も聞き逃さないようにすること，少数派の意見を聞き逃さないように尊重していくこともノーマライゼーションの一歩であることを説明してくれた。

## 2 研究結果：居住支援（グループホーム）

　調査の対象としたデンマークのグループホームは，コペンハーゲンから電車で30分の郊外に位置し，4つのユニットで38名が入居しており，それぞれの入居者が玄関別に仕切られた部屋に住んでいた。グループホームの隣には，ユニットごとに大きなリビングとキッチンが併設されており，入居者が自由に出入りできるしくみとなっていた。また，同じ敷地内に外部の利用者が通所できるデイセンターがあり，朝・昼・夜の食事もデイセンターで365日提供されていた。コペンハーゲンには今回の調査対象としたグループホームと同じ形式のグループホームが4か所あり，これら全ては重度の精神疾患のある人々を対象

写真3-3　デンマークのグループホームの外観

として運営されているということであった。

　一方，スウェーデンのグループホームは，マルメ市内の都心に位置し，6つのユニットで30名が入居しており，朝食を365日提供する居場所的なスペースと誰でも利用できる簡易的なキッチンのある事務所が併設されていた。入居者の特徴として，デンマークのグループホームは重度の精神症状がみられる人々を対象としていたのに対し，スウェーデンのグループホームでは軽度の精神症状がみられる人々を対象とし，将来的には一人で自立生活を目指す人々が多かった。マルメ市内には，こうした形のグループホームが数か所点在しており，今回の調査対象としたグループホームは一般的な形式であるといえる。

写真3-4　スウェーデンのグループホームのミーティングルーム

事業所が具体的にどのようなサービスを提供しているのか

　デンマークのグループホームでは，それぞれの入居者に対しコンパクトパーソンといわれる担当者と自分のコンタクトパーソンが不在時に担当となる日々のコンタクトパーソンが決められており，必要に応じてコンタクトパーソンに相談したり，一緒に料理をしたり，買い物に行ったり，通院したり，ガーデニングをしたり，雑談をしたり，入居者のニーズに応じて支援がおこなわれていた。グループホームでのミーティングやイベント，お知らせは併設の共有スペースに掲示され，入居者がそれぞれ参加したいものに参加する形でおこなわれ，食事も自分が好きな時に好きなものを食べるという形式であった。

　スウェーデンのグループホームでも，それぞれの入居者に対して担当者が決

められており，必要に応じてその担当者に相談するという形で支援がおこなわれていた。デンマークのグループホームと異なる点では，グループホームの担当者が支援をおこなう範囲はグループホーム内での生活に関する支援が中心であるため，通院支援や買い物支援，金銭的支援や余暇活動支援など，内容に応じて複数の事業所による支援者が関わっており，入居者のニーズに合わせて，他の事業所やコミューンのケースマネジャーと連携して必要な支援を提供していく。しかし，サービスの範囲や量についての制限はなく，生活に必要なサービスがニーズに沿って提供されており，重度のグループホームになると，デンマークのようにグループホームのスタッフが全ての支援をおこなっていると説明を受けた。サービスはコミューンのケースマネジメントが主体となっていることから，事業所ごとの連携やケア会議の重要性が語られ，またこうしたサービスが利用者にとって望ましいものであるかどうかの意見を聞くパーソナルオンブズマンの利用についても権利として認められている事がわかった。

### どのような体制で事業が成り立っているのか

　デンマークのグループホームは広域自治体であるデンマーク首都レギオンが直営で運営しており，スタッフは全員が首都レギオンの職員ということになる。したがって，グループホームの管理・経営・運営に関しては全てレギオンの責任となり，利用者のサービスに関わる費用も首都レギオンが100％負担している。しかし，家賃と食費は全て利用者個人に対して国から支払われる障害者年金から負担するといったしくみとなっている。利用者は毎月グループホームへ家賃を支払い，食事も自炊もしくは365日営業しているデイセンターの食堂にて自分の生活費から支払うことになる。サービスは自己負担なく現物給付として全てレギオンが責任を持ち，生活費については現金給付として国が保障していることがわかった。

　また，首都レギオンにあるその他の精神障害のある人々を対象としたグループホームについても，対象者の障害の程度に差はあるものの，全て首都レギオンが直営運営しているということであった。さらに，利用には本人と首都レギ

オンとの契約が必要であり，入居者の全てが成人であることから，本人に入居する意思がないと入居をすることができない。デンマークでは成人すると独立した個人とみなされるため，親が子どもの生活に介入することはない。入居の手続きも申請も全て家族ではなく入居する本人がおこない，本人が今後の自分の生活をどうすべきなのか，判断しなければならない。

　一方，スウェーデンのグループホームはコミューンからの委託により非営利団体であるボランタリーセクターが運営していたが，その運営は100％コミューンからの委託費によって賄われていた。サービス料の算定方法も1人あたりに提供するサービス量が基準となり，コミューンとの連携が必須である。また，デンマーク同様，入居者の家賃と食費は国から個人に支払われる障害者年金によって支払われ，グループホームで提供される食事に関しても，自分が食べるものについては自分で費用を支払うといった形式で自分が負担するものとサービスが切り離されて考えられていた。また，その他のグループホームについても，同様の形式で支援が提供されており，それぞれの入居者のニーズや特性，支援の必要性によって利用者に関わっているということであった。スウェーデンでは2000年に全ての入居施設が解体され，全ての障害のある人々がそれぞれのレベルに合わせてグループホームへ入居したり，個人のアパートに住んだりしているため，居住支援は，コミューンとのつながりが深いことが特徴にあると説明を受けた。また，デンマーク同様，成人すると独立した個人として入居者を認める社会形態であることから，親族が本人と一緒にグループホームを探したり，入居の手続きをするのではなく，自分の生活を自分で決定するという権利を誰もが持っているということがわかった。

### 事業所を利用している人々の権利をどのように尊重しているのか

　デンマークのグループホームのスタッフからは，病状や障害の程度にかかわらず，グループホーム入居者の権利として，文化的な生活が保障される適切な住まいで生活をすべきだという意見が出された。そのために必要な空間は条件なく提供すべきであるという話であった。実際にそれぞれの部屋には表札が置

かれ，玄関から入って，広いキッチンと居間のスペースが確保されており，バスとトイレ，別室に寝室という作りになっていた。また，小さな専用の庭があり，自分の好きな花を育てたり，椅子を置いたりする利用者もみられた。グループホームはその人が家賃を払って生活する個人のものであるため，生活空間における制限は何もなく，煙草は好きな場所で吸うことができ，お酒も本人が飲みたい時に飲むことができた。さらに自室であれば，薬物を持ち込むことさえも許されていた。また，外出も外泊も届け出ることなく自由におこなうことが可能であり，友人や家族を招待したり，宿泊してもらうことも可能であった。緊急時以外は不在時にスタッフが無断で部屋に入ることはなく，「障害のある人だから」という考えは存在せず，一人の人として尊重され，グループホームであっても，その場所は入居者にとっての自宅という概念がごくあたりまえに浸透していた。

　この考え方はスウェーデンでも同じであり，グループホームの入居者は家賃を支払って生活している居住者であり，居住者としての権利は障害の程度やサービス利用の有無には全く関係のないものとして考えられていた。ただし，スウェーデンで訪問したグループホームは，精神障害だけでなく，薬物依存治療も目的としたグループホームであったため，薬物の持ち込みだけは許されず，入居の段階で薬物をやめる意志の確認がおこなわれると説明を受けた。こうした治療を目的としたグループホームはスウェーデンだけはなく，デンマークにも存在し，北欧における薬物中毒や依存症が重大な課題となっていることがわかった。

　また，スウェーデンには前述したパーソナルオンブズマンの制度があり，地域生活を送るうえで必要とされる複数の福祉サービスが，利用者にとってより望ましい形となるように，独立した立場で活動をおこなうオンブズマンが調整をおこなっていた。この制度は利用者の権利を守るしくみとして 2000 年から開始され，精神障害のある人であれば利用の要件はなく，自分から希望して受けたい人が受けられることになっているとの回答であった。

## ノーマライゼーション理念を尊重する専門職としての支援の視点

　専門職としての視点では，人権が尊重され，地域で生活することがごくあたりまえの権利として障害者支援に浸透していることがわかった。グループホームの利用者は障害のある人ではあるが，障害があることが差別となり，人としての権利を侵害されるようなことがあってはいけない。したがって，障害があり，アルコール依存症や薬物依存症であったとしても，その人が最低限度の生活を送るために必要な経済的保障と社会サービスによる生活保障はあたりまえの権利として国から与えられるべきであり，行動を制限されたり，支援のために条件を付けられたりすべきではない。このグループホームは一人ひとりが住民として，ごくあたりまえの設備を整えており，入居者はこの空間で生活する個人として尊重されるべき存在であり，支援者は入居者が必要な時に支援を提供する。

　こちらから何かを強制するわけではなく，入居者が主体的に支援を求める時に支援を展開する。この考え方はスウェーデンでも同じで，国が障害のある人々に生活を保障し，サービスを保障するのはあたりまえであり，障害のある人々が地域で障害のない人と同じ生活ができるように支援をしている。誰もが障害者になる可能性があり，それは自己責任ではなく普段の生活の結果として生じるものである。スウェーデンでは専門職だけではなく，社会全体が同じように理解していると説明を受けた。したがって，障害がある人だから標準以下の住まいを提供されても仕方がないといった考えはなく，誰もが平等に標準的な住まいを持ち，教育を受け，社会サービスを受けるといった認識を誰もが持っているのである。


## 考　察

　デンマークとスウェーデンにおけるインタビュー調査を踏まえて，精神障害のある人々の地域生活支援がどのように福祉国家体制の中で位置づけられているのかを考察としてまとめる。

### ① 権利としての生活保障と社会福祉サービス

　福祉国家における精神障害のある人々の生活保障は，障害年金を主体としており，就労が困難な状況にあっても，グループホームの家賃や個人のアパートの家賃，食事や衣類，そして余暇を楽しむだけの十分な現金給付が保障されている。アメリカの社会保障局（Social Security Administration）（2008）によると，デンマークでは国籍と 16 歳から 65 歳までの 3 年以上の居住期間があり，必要最低限の生活を営むことが困難で継続的に労働能力が低下していると判断された場合，1 年間で 18 万 2,780 クローネ（約 290 万円）が支給される。

　また，スウェーデンには 2 つの障害年金として，居住 40 年以上の障害のある人々に 9 万 5,280 クローナ（約 105 万円）が支払われる保障型疾病保障と，将来の予定年間所得の約 64 ％を支給する所得比例疾病保障があり，所得比例疾病保障の最高年間給付額は 19 万 560 クローナ（約 210 万円）とされている。

　したがって，グループホームの入居者が，障害年金の中から入居料や食費を支払うことは，ごくあたりまえの責任として求められ，その場所に住む人の義務とされている。それは福祉国家の障害年金が一般の人が地域で生活するための基準と同様のものを保障しているからであり，一般の生活者と同じ保障があるからこそ，同様の義務があると考えられている。

　その反面，社会福祉サービスについては，サービスに対するコストは発生せず，訪問支援，日中活動支援など，精神障害のある人々が生活するために必要な全ての支援については，支援を受けることが権利として認識されている。精神障害のある人々が地域で生活するために必要な費用はかからないのはあたりまえの考え方なのである。したがって，自治体からの補助金や企業からの寄付金で運営をおこなっている非営利団体であったとしても，利用者に利用料を請求したり，個人的な寄付を求めたりすることはない。福祉国家においては，精神障害のある人々が地域生活で必要とする支援の全てが権利として認められているといえる。

### ② 権利と平等の支援体制

　デンマークやスウェーデンでは，精神障害を理由として文化的な生活の範囲

第3章　居住の視点を重視したソーシャルワークの展開

を定めたり，生活の制限をおこなうことはない。すなわち，誰もが平等に文化的な生活を営む権利があり，それがノーマライゼーションの理念として実践の中に浸透している。それは，全ての国民をかけがえのない生活者として捉え，地域社会全体が国によって支えられているという福祉国家ならではの意識の現れでもあるといえる。ノーマライゼーションの具現化について論じている河東田（2008）によると，スウェーデンでは，病院や施設以外での生活が困難だと思われていた障害のある人々も地域で必要な支援を受けることが可能であれば，地域の人たちと共に暮らすことが現実となっている。それは，障害のある人々に対する社会福祉サービスを国としてどれだけ責任を持つかということにもつながっている。障害のある人々のサービスを権利としてどれだけ提供できるのかということでもある。

　その具体例として，グループホームでは，一人ひとりの家に表札が掲げられ，全ての入居者は十分な広さとプライバシーが確保されている空間で生活をしていた。入居者の生活には，何かをしてはいけないという制限が存在せず，何かをするために許可を取らなくてもよい。好きな時間に好きな場所で食事をとり，好きな時間に帰宅し，好きな時間に寝ることができる。ごくあたりまえの日常が障害のない人の生活同様に権利として認められているのである。

　また，日中活動支援でも，活動時間に活動以外の自分の興味のあることをしたり，活動中にどこかへ出かけても許可を得る必要はない。自分の生活は自分が管理するものであり，事業所のスタッフに管理されることもない。人としてのあたりまえの権利が平等にここにはある。

### ③　当事者の主体性に基づく支援体制

　福祉国家における精神保健福祉の支援体制は，主体性に基づいているという特徴がみられる。それは，利用者が主体的であればあるほど多くの支援を得ることが可能となるということである。その一方で，自分の生活設計の中で，福祉サービスとの関わりが必要ないという人にとっては必要最小限の支援を選択をすることができる。

　例えば，デンマークのグループホームでは，入居者が主体的にコンタクト

73

パーソンにアプローチをすればコンタクトパーソンは入居者が望む活動を支援する。必要最小限の支援は提供されるが，自分の生活をどのように設計するかという点のイニシアティブは入居者にある。

スウェーデンのパーソナルオンブズマンの制度においても，当事者がパーソナルオンブズマンの制度を利用したいと希望し，自ら申請をおこなうことにより，制度を利用することができる。

日中活動支援においても，いつ来るのか，何時から何時まで活動するのか，どんな活動に携わりたいかなど，事前に申出をする必要はなく，利用者が自分で判断することができる。自分のプログラムは自分で作ることができるのである。しかしながら，成人している精神障害のある人々の支援では，日本のように家族が積極的に関わることが少ないため，症状により本人が積極的に支援を求める気力がなかったり，消極的な人の場合，自治体のケースマネジャーによる最小限の支援にとどまってしまう可能性も否めない。福祉国家の支援体制では，利用者の自由裁量は認められている反面，最小限の支援に限られてしまう可能性もあるといえる。

### ④ ベーシックニーズとしての居住支援

福祉国家における居住支援は国民の基本的なニーズとして捉えられていることから，デンマークのグループホームは自治体直営により展開されており，スウェーデンでは自治体の100％の委託事業として運営がおこなわれていた。すなわち，精神障害のある人々の地域生活支援のなかで，「住む」という生活の中の基本的なニーズについては，自治体が責任を担うという経営形態が主体となっているということである。今回訪問した以外の精神障害のある人々のグループホームでも自治体直営，もしくは委託事業として展開しているものがほとんどであり，支援内容や活動内容に違いがあるとしても，運営形態は変わらないということであった。

一方，今回訪問した日中活動支援は，国からの助成金や企業からの補助金を活動資金としていた。デンマークのグループホームに併設されていたデイセンターのような自治体直営の日中活動支援も多く存在するが，日中活動は一つの

事業として扱われることがあり，成果が明らかでないものや，成果がわかりにくいものは助成金打ち切りの対象になりやすいといわれている。クラブハウスでも定期的に自治体の担当者と来年度の助成金について話し合い，継続か打ち切りかの判断がおこなわれる。したがって，日中活動支援は居住支援と比較して，その運営が不安定であり，常に新しい事業や活動を取り入れながら進歩していかなくてはならない。その背景には，デンマークやスウェーデンのような福祉国家では，精神障害のある人々に対する居住的な支援は安定性の高い運営方法が取り入れられているという特徴がみられ，こうした特徴からも，生活の基盤となる「居住」はナショナルミニマムとして国が保障すべきであると捉えられていることが考えらえる。実際に，デンマークのボランタリーセクターの調査をおこなった坂口（2011）によると，デンマークでは，社会的サービスは国家が一義的な責任を負っており，非営利団体を含めたボランタリーセクターが社会的サービスの主体となることはないという。すなわち，居住支援はベーシックな社会的サービスという位置づけがなされており，日中活動支援は国が提供する社会サービスで行き届かない部分を補う非営利団体の役割だということがうかがえる。

### 何が本当のノーマライゼーションなのかを考える

　本研究を通して，福祉国家が焦点とする地域精神保健福祉における生活支援は，①権利としての生活保障と社会福祉サービス，②権利と平等の支援体制，③当事者の主体性に基づく支援体制，④ベーシックニーズとしての居住支援であることが明らかになった。これらの視点は，福祉国家が長年培ってきたノーマライゼーションの理念をどのように実践として展開しているかを示したものでもあり，その背景には社会福祉の専門職としての視点だけではなく，国民の一人ひとりが社会の一員であり，社会に支えられているという意識が強い。障害のある人々を社会全体がどのように捉えるかという根本的な視点が置かれているということがわかる。

　福祉国家が重視しているこれらの視点をいかに日本の地域生活支援に活かせ

るのかという議論については，まずノーマライゼーションの具現化という課題を解決していかなくてはならない。すなわち，長期にわたり精神障害のある人々に対して保守的な姿勢を示してきた我々にとって，ノーマライゼーションの理念をどのように解釈するのか，何が本当のノーマライゼーションなのかを改めて考えなくてはならない。精神障害のある人々を病院から地域へ移行・定着させることだけがノーマライゼーションなのではない。そこでの支援を具体的にどのように展開すべきなのか，生活の質（QOL）をどのように高めることができるのか，地域で生活する精神障害のある人々の生活や権利をどのように守るべきなのか，専門職が意識的に考えない限り，変化の可能性は薄い。実際にデンマークやスウェーデンのように，制限や規則のないグループホームや日中活動が日本にどれだけ存在するであろうか。現実には多くのグループホームで飲酒制限や夜間の外出制限がみられる。

　2014年に日本が批准した障害者権利条約では，障害のある人々の権利の実現に向けた取り組みを強化すると謳われているが，福祉サービスを一例として挙げても，日本では障害のある人々の権利として福祉サービスが認められているわけではない。福祉サービスを利用する代償としての負担が存在するかぎり，ノーマライゼーションが具現化された社会とはいい難い。日本がノーマライゼーションを実践として展開するには，未だ長い道のりがあると感じずにはいられない。

　次節では，病院から地域へ，ノーマライゼーションを実現するための第一歩として日本の居住支援に焦点をあて，その中でも特に精神科の地域移行を積極的におこなっているグループホームでの支援に着目する。ノーマライゼーションの具現化を図るためにおこなわれている様々な取り組みを通して，居住支援の実態とあり方について検討する。

## 2 日本における病院からグループホームへの移行
### ——精神科長期入院経験者に対するグループホームでの支援

### 日本での精神障害者を取り巻く課題

　精神障害のある人々に対する地域生活支援制度として，1992年に「精神障害者地域生活援助事業（グループホーム）」が法定化されてから25年以上が経過した。この間を振り返ると，各地で精神障害のある人々を対象とした退院促進への取り組みが始まり，2004年には，「入院医療中心生活から地域生活中心へ」という基本理念の下，概ね10年間で7万2,000人の社会的入院者の地域移行支援を目標とする「精神保健医療福祉の改革ビジョン」が示された（厚生労働省 2004）。また，2006年には障害者自立支援法による共同生活介護（以下，ケアホーム）・共同生活援助（以下，グループホーム）の制度化が進められ，地域移行に拍車がかかることが期待された。その後，2012年障害者総合支援法へ改正されてから2年後，ケアホームとグループホームの一元化がなされ，地域での支援体制を整える取り組みが継続されている。こうして，精神科病院の中で生活することが，あたりまえとなっていた長期入院の精神障害のある人々も，地域で生活する機会を得ることが可能となり，地域の中で福祉サービスを受けながら生活する時代が到来したのである。しかし現実として，「精神保健医療福祉の改革ビジョン」で示された数値目標を達成することは容易ではなく，未だ多くの課題が指摘されている（道明・大島 2011）。

　これらの精神保健医療福祉における方向性を示す具体的な事業として，2006年に「精神障害者退院促進支援事業」が実施され，事業を円滑に推進するために，日本精神保健福祉士協会より，『精神障害者の退院促進支援事業の手引き』としてマニュアルが作成された。その概要は，従前のそれぞれの精神科病院でおこなわれていた退院・社会復帰支援を制度化したものであり，これまでの精神科病院での取り組みに市役所・保健所・福祉事務所・精神保健福祉センターなどの自治体関係機関が連携を図り，障害福祉サービス事業者や地域関係機関が連携機関として加わることにより，退院へ向けた支援を協働でおこなうもの

であった。また、これらのコーディネーター役として、自立支援員が支援の担い手となり、自立促進支援協議会における検討を経ながら事業をおこなった（日本精神保健福祉士協会 2007）。

同事業は、2008 年に「精神障害者地域移行支援特別対策事業」として改められ、地域移行推進員と地域体制整備コーディネーターが体制強化のために配置された。地域移行推進員は、自立支援計画に基づき、日常生活を営むのに必要な活動や訓練をおこない、地域体制整備コーディネーターは、地域の体制整備のために医療関係者と地域の相談支援事業者と連携を図ることにより、地域移行支援を展開した。これら一連の動きのなかで、新たに取り入れられるようになったのが当事者の力であり、ピアの視点を重視するという考え方が積極的に推進された（日本精神保健福祉士協会 2008）。こうしたピアサポーターによる直接的な入院患者への支援は、退院促進支援プログラムにおける効果的援助要素として報告され（道明・大島 2011）、地域移行支援へ向けた新たな実践として反映されている。その具体的実践が 2010 年に改正された「精神障害者地域移行・地域定着支援事業」であり、本事業では、地域移行にとどまることなく、継続的に地域生活を支援する体制を強化するために、地域定着支援が実施されている。

具体的には、自宅で生活する長期入院経験者だけでなく、ひきこもりの精神障害者、重度の精神障害者、精神疾患が疑われる未受診者、そして精神医療の受療中断者が対象となり、精神保健医療福祉専門職で構成される多職種チームによる医療および福祉の包括的な支援が展開されている（厚生労働省 2010）。

こうした精神障害のある人々の地域移行・地域定着を推進する動きは、制度内の活動にとどまることなく、関係機関による様々な視点からも取り組まれており、その効果や今後の課題が発表されている。近藤・岩崎（2008）は、病院内で退院後の生活を考えるグループを通して、当事者体験やピアサポートの重要性を示唆しており、安西（2007）は退院準備プログラムによる集中リハビリテーションの実施を推奨している。一方で、現状における地域移行・地域定着支援への取り組みの多くは、地域移行を課題とした精神科病院での取り組みが

中心となっており，移行後の生活者の視点を重視した地域定着に関する研究は
あまり例をみない。

　本章では，長期入院経験者に求められる地域生活支援に焦点をあて，グルー
プホームにおける地域定着支援の実践の一考察として，長期入院経験者の受け
入れを積極的におこなっているグループホームの入居者への聞き取りをおこな
うことにより，地域定着における支援プロセスについて検討をおこなう。なお，
ここで取り上げる地域定着支援は，「精神障害者地域移行支援特別対策事業」
の一環である地域定着支援事業ではなく，グループホームにおける長期入院経
験者への日常生活および社会生活を包括的に支援する実践と定義する。


## 調査したグループホーム

　本調査で取り上げたフィールドは，1986年に精神障害者の家族による小さ
な地域活動から始まった特定非営利活動法人が運営するグループホームである。
精神科病院からの退院後，自宅に引きこもる精神障害のある人々の家族が集ま
り，地域の居場所がない人々を対象とした活動として，一軒家で内職作業の請
負を始めた。地域の人々にも，障害のある人々の生活を知ってもらおうと，こ
れらの内職作業を主婦にも請け負ってもらい，障害という垣根を越えた地域の
中の居場所として活動を継続した。主婦層が関わりを持つことにより，子ども
たちも作業所に出入りし，地域における精神障害に対する理解も次第に高まっ
ていった。以来，1992年に1つ目の作業所とは異なる小学校区に2か所目の
作業所を開設すると同時に，県内最初の精神障害のある人々を対象としたグ
ループホームを開設。家族会関係者や作業所の利用者だけでなく，精神科病院
からの入居者の受け入れをその当時からおこなっていた。1995年には，増え
続ける通所者に対応するために，3か所目の作業所を開設。全ての作業所を異
なる小学校区に配置すること，そして作業内容に相違点を持たせることで，利
用する人々が選択できる作業所づくりを目標とした。さらに，グループホーム
法定化に伴い，入所に対する相談が増え続けたことから，2000年に2か所目
のグループホームと4か所目の作業所を開設。誰もが地域の中であたりまえに

生活することを理念とし，小規模な住居を地域の中に点在させることで，精神障害のある人々の日中活動支援と居住支援をその後も展開していった。

　2006年，障害者自立支援法の施行と同時に家族会から特定非営利活動法人に運営主体が変わり，新たに再出発をおこなった。現在では，相談支援事業所1か所，就労移行支援1か所，就労継続支援Ｂ型2か所，地域活動支援事業としてのデイサービスセンター2か所を日中活動支援としておこなっており，5か所のグループホームで26名を対象として居住支援をおこなっている。これらのグループホームには一般就労している人々や福祉サービスを組み合わせて利用している人々だけではなく，福祉サービスの利用が難しいため，グループホームで日中を過ごしている人々も含まれている。

## インタビュー調査の方法

　上記で説明した特定非営利活動法人のグループホームで生活する，精神科長期入院経験者5名を対象にインタビュー調査をおこなった。

　2013年1月時点のグループホーム入居者の概要は，男性14名・女性12名，年齢は21歳から69歳（平均年齢46.5歳），精神障害20名，知的障害6名，うち身体障害のある人2名であった。障害支援区分の詳細は，区分1の入居者5名，区分2の入居者10名，区分3の入居者8名，区分4の入居者1名，区分5の入居者1名であった。

　これらの入居者のうち，長期入院経験者は女性2名，男性3名の計5名であり，平均年齢は55.2歳，年齢層は46歳から69歳であった。平均入院期間は14.4年間，最も短い期間が2年，最も長い期間が40.9年であった。グループホームでの平均入所期間は3.8年，最も長い期間が5.8年，最も短い期間は1.9年であった（表3-1）。また，本研究では，26名のグループホーム入居者のうち，①2005年以降に入所していること，②精神科病院からグループホームへ直接入所したこと，③入院期間が1年以上であること，④グループホームへ入所してから1年以上が経過していることの4つを対象者の条件とした。

　インタビューは2013年1月7日から2月22日までの約2か月間で，それぞ

第**3**章　居住の視点を重視したソーシャルワークの展開

表3-1　研究対象者（2013年1月）

|  | 年　齢 | 性　別 | 入院期間（年） | 入所期間（年） |
|---|---|---|---|---|
| 入居者A | 60代 | 女性 | 40.9 | 5.8 |
| 入居者B | 50代 | 男性 | 7.3 | 3.1 |
| 入居者C | 50代 | 男性 | 17.3 | 5.5 |
| 入居者D | 40代 | 女性 | 4.5 | 2.6 |
| 入居者E | 40代 | 男性 | 2 | 1.9 |

出所：筆者作成。

れの入居者に対して1回の面接をおこない，所要時間を60分程度とした。また，インタビューの枠組みとして，入院時から現在の生活に焦点をあて，インタビューガイドを作成した。ガイドにしたがって，インタビューを「精神科病院での入院体験」「退院への道のり」「退院直後のグループホームでの生活」「現在の生活」という4つの項目に分類し，半構造化面接の形式を用いることにより，それぞれの対象者からの経験をヒアリングした。

　倫理的配慮として，研究協力の依頼に際し，研究の趣旨について文書で特定非営利活動法人に説明をおこない，調査結果についても，本研究以外の目的では使用しないことを説明し，了承を得た。また，インタビューをおこなったそれぞれの研究対象者からも調査協力に関する同意を得た。

　次に精神科長期入院経験者からのインタビュー結果を分析するために，インタビュー内容を文字化すると同時に，コーディングをおこない，全てのデータのコード化を図った。こうしてコード化されたデータを圧縮作業としてカテゴリーに分類することにより，インタビューデータの分析をおこなった。

　その結果，精神科病院からグループホームへの地域定着支援として，時間軸に沿った地域定着の段階，段階別の地域定着プロセスにおける支援の特性が明らかになった。

## 時間軸に沿った地域定着の段階

　全ての精神科長期入院経験者に共通していた点として，地域定着に伴う気持ちの変化とグループホームでの生活に対する姿勢を時間軸に置き換えて段階別

に整理することができた。また，これらの段階は，①転換期（入院生活からグループホームでの生活へ適応しようとする段階），②定着期（新たな生活へ対応するための変化がみられる段階），③安定期（グループホームでの生活に安定がみられる段階）という3つの特性がみられ，それぞれの入居者が共通の段階を経て現在のグループホームでの生活に至っていることがわかった。

　転換期では，長期の入院生活から新たなグループホームでの生活に移行することで感じる不安，心配，憂鬱などといったマイナス面での気持ちの変化だけでなく，期待，希望などといったプラス面での変化もあり，全体として適応に対する葛藤が特徴としてみられた。転換期に時間を要した入居者からは，「病院へ帰りたいと思った時期が2か月ぐらい続きました」，「病院の看護師さんや友達と話がしたくて，毎日電話をしていました」，「一人部屋に慣れなくて落ち着かなかったです」，「グループホームで他の人たちと上手くやれなかったらどうしようかと思っていました」などといったマイナス要素を含む内容が多く語られた。また，転換期にほとんど時間を要さなかった入居者からは，「自分の部屋ができて嬉しかったです」，「家の鍵を渡されたことが嬉しかったです」，「グループホームで新しい友達がすぐにできました」，「最初は，病院の外来で順番を待っていることが不思議でした」などといったプラス要素の内容が多く語られた。

　定着期では，グループホームでの生活に必要な新たな技能の習得や生活リズムの獲得に対する試みが多くみられた。転換期に病院へ帰りたいと思っていた入居者も，病院へ帰りたくないと思っていた入居者も，両者がグループホームでの生活を受け入れながら，新たな生活を送るための変化を遂げた時期であった。生活については，「朝食は自分で作るようになりました。パンを焼いて，バナナ，それにコーヒーを入れたり，牛乳だけの時もありました」，「自分の部屋に掃除機がかけられるようになりました」，「近くのスーパーへ買い物に行けるようになりました」，「同じホームの人と一緒にテレビを見たり，週末は夜更かしできるようになりました」などといった，自分の成長に関する要素が多く語られた。また，成長だけでなく，失敗から成長へとつながった経験もあり，

「世話人さんに教えてもらったのに，パンが上手に焼けなくて，一袋全部焦がしたことがあります」，「掃除機のボタンがたくさんありすぎて，使い方が全くわからなかったです」，「新しいことがたくさんありすぎてパニックになりそうでした」などの語りも聞かれた。

　安定期では，グループホームでの生活がごくあたりまえの日常だと認識するようになり，入院生活の振り返りができるようになる時期でもあった。病院への想いが強かった入居者も，この頃になると「病院へは帰りたくない。ここにずっと居させてほしい」，「自分の部屋があるのがうれしい」と思うようになり，病院へ帰りたくないという想いが強かった入居者も，病院へ戻されるのではないかという不安を払拭し，「病院へはもう戻ることはない」，「病院での生活が遠い昔のよう」などと感じるようになっていった。その他にも，グループホームの「猫の世話をすることが日課になった」，「毎週末，バスで街に出かけて安い日用品を探すのが楽しみ」，「休みの日は美容院へ行って，喫茶店へ行って，ホームへ帰ってくる」など，グループホームでの安定した日常に関する要素が語られた。

　これらの時間軸による地域定着の段階は，個人差が多くみられ，入居者それぞれが個人の時間のなかで段階を経ていくものであった。転換期から定着期へ達するのに数か月を要した入居者もいれば，数週間で定着期へ達する入居者もいた。また，精神科病院での入院期間と転換期から定着期への移行期間に相関関係はなく，17.3年の入院期間を経て入居したCさんよりも，7.3年の入院期間を経て入居したCさんのほうが転換期に時間を要した。したがって，入院期間が長かったからといって，転換期が長いという結果はみられなかった。転換期に長く時間を要した入居者に対しては，世話人の関わりが深いことも明らかになった。全体として，定着期に最も時間を要するケースが多く，グループホームでの生活に求められる新しい技能を習得し，生活を安定させるためには，一定の期間が必要であることがわかった。

段階別の地域定着プロセスにおける支援の特性──転換期

　転換期・定着期・安定期という3つの異なる段階で構成される地域定着プロセスには，それぞれの段階別に異なる支援の特性があることが明らかになった。

①　アセスメントによる基本情報だけでなく，新たな生活への不安に対する気持ちの理解，生活のリズム，趣味，嗜好，特技を通して，生活者としての入居者へ積極的に関わりを持つ支援

　入居者の声から，転換期における生活不安に関しては，入居者のニーズに応じた世話人の積極的な関わりが求められた。「入居した時に世話人のＡさんが，私の好きな編み物を一緒に買いにいってくれたのがうれしかったです」，「世話人さんが寂しい時にいつも話を聞いてくれたから，病院の友達に会えなくても我慢できました」，「世話人さんが病院では食べられなかった，大好きなお寿司を誕生日に買ってきてくれたから，20年ぶりにお寿司をお腹いっぱい食べられました」，「わからないことや困ったことがたくさんあって，誰にも聞けなかったです」，「世話人さんが毎日そばで教えてくれたから頑張れました」などといった語りがあった。基本的な日々の生活に着目するだけでなく，一人ひとりのニーズや趣味，嗜好などを含めた個別性を尊重した関わりの重要性が明らかになり，関わりを通して入居者の前向きな姿勢をうかがうことができた。

②　グループホームと日中生活の場との連携による，サポート体制を強化したネットワーク支援

　転換期におけるグループホームでの生活支援はもちろんのこと，日中活動に参加する入居者に対する支援も重要となる。精神科長期入院経験者にとって，住む場所が変わることだけでも大きな変化であり，その変化に加えて，地域活動支援センターやデイサービス，就労継続支援などの日中活動の場を加えると，新しい場所での新しい挑戦が同時に2か所となる。40年以上を精神科病院で過ごした入居者Ａさんは，「最初はね，電車の乗り方がわからなかったんですよ。切符の買い方も」，「最初の2週間はグループホームの世話人さんが作業所までついてきてくださって。帰りは作業所のスタッフさんがグループホームまで送ってくださって。ほんとうにありがたかったんですよ」と当時のことを振

り返った。入居者Bさんは,「デイサービスの送迎が毎日あったんです」,「世話人さんとデイの○○さんと自分の3人の連絡ノートを作ってもらったんです。グループホームのこととデイのことをノートに書いてもらったんです」,「すぐに忘れちゃうから,紙に書いてほしいって言ったら,ノートを作って下さったんです」,「それで忘れないで済んだんです」と話してくれた。入居者Cさんは,「ホームに入って,作業所は行ったり行かなかったり,部屋で寝てると,よく作業所の○○さんが心配して電話かけてきたなあ」,「世話人さんも作業所に電話してくれて,作業所の○○さんと話してくれて,そんでやっと作業所へ行く気になって」と語った。転換期の生活支援では,事業所同士がサポート体制をネットワーク化し,連携しながら支援をおこなうことが,入居者にとってポジティブな効果として語られていることがわかった。


**段階別の地域定着プロセスにおける支援の特性──定着期**

**① グループホームでの生活や地域生活に,必要な技能を習得するまでの連続的な支援**

長期の入院生活によって失われてしまった技能や,時代の変化に伴った社会生活に求められる技能は,容易に身につけられるものではないため,何度も繰り返して継続的に支援し続けることが重要となる。特にグループホームでの生活は,入院生活と異なり,生活のために自分で自分のできることを増やしていくことが求められる。「病院はお金を入れれば勝手に洗濯機が動いたけど,ホームの洗濯はよくわかりませんでした」,「世話人さんに何度も教えてもらったけど,覚えられなくて,また教えてもらって」,「41年ぶりに自分で掃除機をかけたんです」,「掃除機の袋とかボタンとか,最近は色々ありますね」,「世話人さんがいる時じゃないと何もできなかったんです」,「テレビですね。ボタンがいっぱいありすぎて,どこを触ったらいいのかわからなかった」,「教えてもらっても覚えきれなくて。今でも電源とチャンネルしかわかりません」,「休みの日に食事を作ろうと思って。世話人さんと一緒に作る時は作れても,一人では作れなかったです」,「あの頃は,ずいぶん世話人さんにお世話になりまし

た」などの声が入居者から聞かれた。こうした，地域定着時の入居者の挑戦は，支援者の継続的な見守り，そして継続的な支援なしでは，地域生活という大きな壁を乗り越えることが困難となることが予測されるのである。

② 生活のなかで失敗と成功を繰り返し，これらの体験を通して，自信を取り戻していくための支援

　グループホームでの新たな生活のなかでの体験は，成功だけでなく，失敗もあり，その両方を繰り返していくということは，希望と失望を交互に経験するということでもある。上記で挙げた生活技能の習得においても，一度に習得できることよりも，何度も繰り返しながら失敗体験から学ぶことのほうが多いことがわかる。朝食一つ作ることも，掃除をすることも，電車で目的地まで一人で行くことも，最初は上手くいかなくても，繰り返し挑戦すれば必ず成功する。そして成功するまで継続する。こうした入居者の姿勢に対して，支援する側は見守るだけではなく，あるがままの姿を受容することが求められる。そして，間違えても安心して体験を繰り返すことができる環境を提供し，できることをふやしていくことで，自己の自信を取り戻すエンパワメントにつながっていく点が挙げられる。すなわち，成功体験を共有し，他者に認められる経験を積み重ねることが自信につながっていく過程となるのである。

## 段階別の地域定着プロセスにおける支援の特性——安定期

① 地域生活のなかで，新たな目標を設定し，人生を見つけるために必要な支援

　地域で生活する力を身につけ，グループホームでの生活を日常にしていくということは，地域で安定した生活を送るという大きな目標を達成したという意味でもある。多くのヒアリングで，「ホームでの生活は楽しいです。ずっとここにいたいです」という希望があった。しかしながら，ただ単にグループホームで日々を過ごすだけではなく，新たな段階としての支援も必要となってくる。それは，かならずしも単身生活という意味だけではなく，グループホームでの生活の質（QOL）を高めるためにも，入居者と共に，これからの将来について

考え，次の新たな人生を見つけるための支援を考える必要があるといえる。

　入居者の一人は，一般就労に向けて希望を抱いている。新たな目標として就労することを目指しているのである。それは，入院していた頃には選択肢として存在しなかった，新たな人生であり，リカバリーの実現であるともいえる。地域定着を達成したという満足感だけでなく，その先に続く回復への道を，利用者と支援者が共に歩んでいくことが長期入院経験者にも可能であるということが実証されている。


## 地域定着プロセスとそれに応じた支援のあり方

　本調査を通して，精神科長期入院経験者は，①入院生活からグループホームへの適応を示す転換期，②グループホームでの生活へ適応するための変化を示す定着期，③グループホームでの生活がごくあたりまえの日常となる安定期の３つの異なるステージを経ながら，地域定着を経験することが明らかになった。

　また，これらの地域定着プロセスでは，それぞれの段階において異なる支援の特性がみられた。これらの特性は，転換期における，①入居者の個別性を重視した積極的な支援，②ネットワークによるサポート体制を強化した支援，③定着期における入居者のあるがままの姿を受容しておこなう継続的な支援，④入居者が自信を取り戻すためのエンパワメントを重視した支援，⑤安定期における新たな目標と人生を見つけるためのリカバリーを重視した支援として示された。

　現状でも受け入れ条件が整えば退院可能な人々に対する地域移行の試みは継続されている。地域生活を強化するために，未だ発展が不十分だと考えられている地域の生活の場を整備していく必要性は高く，こうした生活の場での支援を展開するうえでも，地域定着を順序立ておこなう実践が求められている。精神障害のある人々に対して，特性を考慮した段階別の支援を提供することで，より円滑な地域定着の実現が可能であると考えられる。また，入院していた期間の長さにかかわらず，個人に合った対応の方法と同時に，時間軸に沿った支援プロセスを理解することで，受け入れ条件が整えば退院可能な人々に対する

支援が容易になると考えられる。

　ここまでは，地域移行・地域定着に焦点をあてながら，グループホームを中心とした居住支援に必要な視点について検討してきた。次節では，本調査と同じグループホームに生活している人々を対象とした生活の質（QOL）評価を実施し，入居者の実態とも照らし合わせることにより，精神障害のある人々のQOLを高めるために必要な専門職の関わりについて検討する。

## 3　グループホーム生活者の生活の質（QOL）
### ——入居者の QOL を通して考える居住における支援

### QOL とグループホーム

　世界保健機関（World Health Organization：以下，WHO）は 2013 年から 2020 年までの「世界精神保健行動計画 2013〜2020」を出版した（World Health Organization（WHO）2013＝2014）。その具体的な目標は，「精神的に満たされた状態（mental well-being）を促進し，精神障害を予防し，ケアを提供し，リカバリーを促し，人権を促進し，そして精神障害を有する人々の死亡率，罹患率，障害を低減すること」としている。すなわち，人が生き，生活を営むという過程において，身体的な健康など，客観的に測定された視点における支援だけではなく，ウェルビーイングやリカバリー，QOL といった主観的な視点から人生を捉え，支援を提供することが重視されているのである。

　QOL という言葉が一般的に用いられるようになった背景には，障害のある人々の人権運動を主眼とした「自立生活運動」として知られているアメリカの障害者団体からの批判を一例として挙げることができる。従来のリハビリテーション医療は，専門家の権威主義とパターナリズムが中心となっており，障害のある人々の人権は尊重されていないという指摘があった。その結果，医療の分野でも当事者を捉える視点として，これまでの日常生活行為（Activities of Daily Living：以下，ADL）の自立を主としたリハビリテーションから，QOL の向上へと転換されたのである（上田 1998）。客観的に測定が可能な ADL から，主観的な視点を重視した QOL が取り入れられたということは，障害や疾

病のある人々の個別性がより強調されるようになったと考えられ，上田
（1998）によると，患者主体で「自分の新しい人生を創る」という目標のもと
で，自己決定能力や問題解決能力を高めていくこと。すなわち，QOLを高め
ていくために，専門職が主体である患者に働きかけることが求められるように
なったのである。人々の生活を支える保健・医療・福祉の全ての分野において，
個別性や自己決定といった当事者主体の考え方が現代社会に浸透してきたので
ある。

　このように，生活を主観的に捉えるという考え方が主流となっていくなかで，
QOLの定義づけがおこなわれるようになっていった。その代表的な一例とし
て，WHOによる定義は「個人が生活している文化や価値観の中における目標
や期待，基準や関心に関わる自分自身の状況についての認識」（WHOQOL
Group 1994）とされている。さらに，ユニバーサルにQOLを測定する調査票
の作成が手掛けられ，1994年に基本調査票の作成がおこなわれた。

　WHOによるQOL調査票は疾病や障害のある人のみに限定されて用いられ
ているわけではない。中根ら（1999）は，日本の一般人口における平均QOL
値を測定するために，東京都，大阪府，長崎市に居住する住民を対象に1,410
名（男性679名・女性731名）の調査結果を分析した。その結果，3地域の平均
値は3.29を示していた。これらの地域における平均値に有意な差異はなく，
性別による有意な差異も認められなかった。一方，國方ら（2008）は，統合失
調症者124名，精神障害者家族会会員315名，一般住民172名のQOL値の比
較をおこなっている。その結果，統合失調症者の平均値は3.11，精神障害者
家族会会員の平均値は3.19，一般住民の平均値は3.18であり，統合失調症者
の値は3つの中で最も低い結果を示していることが明らかになった。また，國
方・三野（2003）による「統合失調症患者のQOLに関する文献的考察」によ
ると，統合失調症患者の平均値は一般住民やうつ病患者と比較して低いことが
明らかにされており，それぞれの領域の中でも特に心理的領域，社会的関係，
環境領域が低いことが特定されている。個人の特徴とQOLの関係性について
は，これまでの研究が限られたサンプリング数を用いているという理由から，

年齢，罹患期間などをみても一致した見解が得られていないことが明らかにされている。さらに，中根（2006）によると，統合失調症患者のQOL値はうつ病患者よりも低く，入院患者は外来患者よりも低いことがわかっている。統合失調症の症状との関係性については，妄想性症状や陰性症状がある患者ほど平均値が低いことがわかっている。

このように，精神保健医療福祉分野において，評価尺度を用いた当事者の主観的な評価という視点が受け入れられるようになり，精神障害のある人々のQOLの実態を把握する研究もおこなわれている。その一方で，地域の事業所を利用する人々に着眼した研究など，特定の枠組みの中でおこなわれる研究はあまり例をみない。障害者自立支援法の施行から約15年が経過し，精神障害のある人々が利用できる福祉サービスの種類や形態も変容してきている。なかでも，共同生活を送りながら，自分の生活空間が保障され，日常生活の支援を受けることができるグループホームは，長期にわたり病院で生活してきた精神障害のある人々の退院後の受け皿や，一人で地域に生活することが困難な人々の受け皿として，今後の展開が期待されている。病院や施設ではなく，地域で障害のある人々を支援するという流れの中で，福祉サービスを利用する人々のQOLを調査することは，福祉サービス利用者の主観的な生活に関する視点の理解を深めるだけではなく，福祉サービスという枠組みにおける支援のあり方についても検討することができると考えている。

本調査では，障害福祉サービスの中でも精神障害のある人々が生活するグループホームに焦点をあて，入居者のQOLの実態を明らかにすると同時に，領域別の特徴を捉え，全体QOLとの関係を分析する。また，年齢，障害支援区分，CP換算値との関係性についても着目し，これらの結果から，グループホームにおける支援に求められる視点について検討することとしたい。

## QOL調査の方法

本人の主観的な幸福度をユニバーサルに測定する指標として，1994年にWHOにより開発されたWHOQOLの短縮版を用いてQOLの調査をおこなっ

た。WHOQOL 短縮版は，本来の 100 項目で構成されている尺度を 26 項目に短縮して構成されたものであり，5 件法を用いて「身体的領域」・「心理的領域」・「社会的関係」・「環境領域」の 4 領域と全体的な QOL を評価する「全体」によって構成されている（中根ら 1999）。また，調査協力者の属性として年齢，性別，障害支援区分，CP 換算値についても聞き取りをおこなった。また，調査期間として，2015 年 4 月に最初の調査を開始し，2016 年 6 月に全ての調査を完了した。

　本調査の対象として，A 市において特定非営利活動法人が運営する精神障害のある人々を対象としたグループホーム入居者 26 名のうち，精神科病院もしくは精神科クリニックの医師から統合失調症の診断を受けている 18 名に対して調査協力を依頼した。その結果，男性入居者 12 名，女性入居者 6 名から協力を得ることができた。

　調査の方法として，QOL 調査票は自己記入式となっているため，対象者全員にグループホームの居室で調査票を手渡しし，プライバシーが確保されている場で記入するように協力を依頼した。また，調査協力者の属性については，本人からの聞き取りに併せて，本人の了解を経た後にグループホームの世話人から記録されている情報の提供を依頼した。

　倫理的配慮として，調査協力者に対し，口頭で調査の目的と方法を説明し，参加の同意を得た。また，調査結果に関するプライバシーの厳守，データの秘密保持，途中辞退の権利についても説明をおこなった。年齢・障害支援区分・服薬内容については，調査協力者を番号で整理して記載し，必要がなくなった時点で情報の廃棄をおこなった。なお，本調査については，同朋大学倫理審査委員会の承認を得て実施した。

　分析は調査結果をもとに，それぞれの特徴について整理をおこなった。平均値だけではなく，領域別に得点の低いものと高いものを挙げ，得点の男女差についても分析をおこなった。また，「身体的領域」・「心理的領域」・「社会的関係」・「環境領域」という 4 つの領域と「全体」の間にみられる関係を明らかにするための相関分析をおこなった。

さらに，QOL値，年齢，障害支援区分，CP換算値，それぞれの関係性を調べることを目的として相関分析をおこなった。

### ①　平均QOL値と領域別の結果

　調査協力者の年齢は38歳から71歳，平均年齢は51歳であった。障害支援区分については，平均が2.28であり，区分3の入居者が7名，区分2の入居者が9名，区分1の入居者が2名であった。クロルプロマジン換算値については，平均が885.87mgであった。最も摂取量が少なかった入居者は350mgで，最も摂取量の高い入居者は1,885mgであったため，その差は5倍以上となり，摂取量については大きな差がみられた。

　調査結果から，グループホーム入居者のQOL値の平均は3.15であり，男性が3.08，女性が3.29であった。この結果を一般調査結果の平均値である3.29，男性3.24，女性3.34（中根ら1999）と比較してみると平均値は0.14低いことがわかった（図3-1）。

　領域別平均値として，「身体的領域」，「心理的領域」，「社会的関係」，「環境領域」と「全体」に分類して分析すると，それぞれの平均は「身体的領域」が2.96，「心理的領域」が3.18，「社会的関係」が3.31，「環境領域」が3.44であり，「全体」が3.00であった。平均値は「環境領域」が最も高く，「身体的領域」が最も低いことがわかった。また，領域別の男女差については，QOL値の高い順からみると，男性の場合は，「社会的関係」，「心理的領域」，「環境領域」，「全体」，「身体的領域」の順番であり，女性の場合は，「環境領域」，「社会的関係」，「心理的領域」，「全体」，「身体的領域」の順番であった。「環境領域」については，男性と女性の差が0.77あり，約1.25倍であった。さらに，男女共に「身体的領域」におけるQOLが最も低く，とりわけ女性は最も高かった「環境領域」と0.9の差があり，1.31倍になることがわかった（図3-2）。

　それぞれの項目別QOL値の平均で最も高かったものから順番に5項目挙げると，「周囲の交通の便に満足」の平均値は3.78，「医療施設や福祉サービスの利用に満足」「家と家のまわりの環境に満足」の平均値は3.67，「友人たち

図3-1　一般住民とグループホーム入居者のQOL値

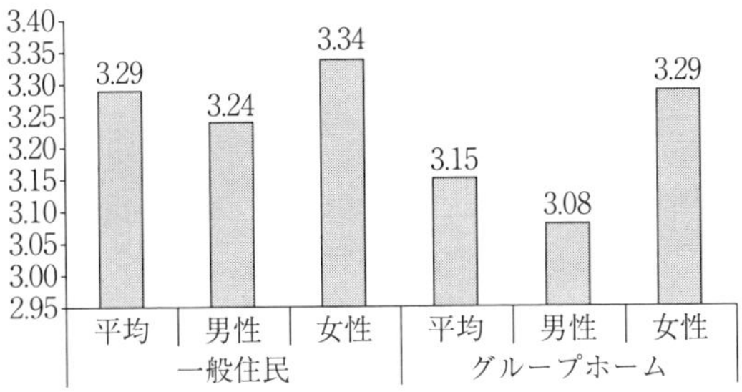

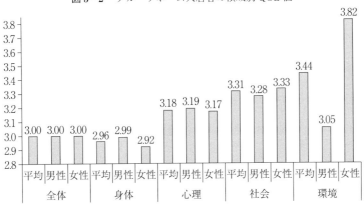

図3-2　グループホーム入居者の領域別QOL値

出所：筆者作成。

の支えに満足」「人間関係に満足」の平均値は3.5,「睡眠は満足いくもの」の平均値は3.44,「身体の痛みや不快感で行動制限がある」「毎日の生活がどのくらい安全」の平均値は3.39であった（図3-3）。

一方，それぞれの項目別QOL値の平均で最も低かったものから順番に5項目を挙げると，「家の周囲をよく出まわる」の平均値は2.50,「毎日の生活の中で治療（医療）が必要」の平均値は2.56,「毎日の生活を送るための活力」「自分の容姿（外見）を受け入れられる」「毎日の活動をやり遂げる能力」の平均値は2.78,「余暇を楽しむ機会」「性生活に満足」の平均値は2.83,「自分

93

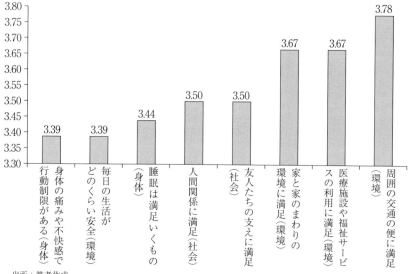

図3-3 項目別QOL値の平均（最も高いもの）

出所：筆者作成。

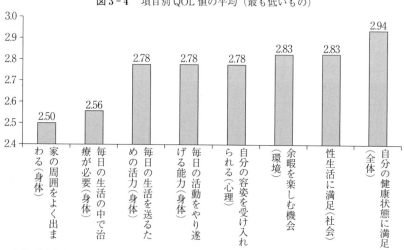

図3-4 項目別QOL値の平均（最も低いもの）

出所：筆者作成。

の健康状態に満足」の平均値は 2.94 であった（図 3 - 4 ）。

　各項目における男女差をみてみると，男性の最も高い QOL 値は「睡眠は満足いくもの」の 3.75 であり，女性で最も高かったのが「周囲の交通の便に満足」4.5 であった。一方，男性で最も低い QOL 値であったのが，「家の周囲をよく出まわる」2.08 であり，女性は「毎日の生活の中で治療（医療）が必要」1.33 であった。さらに，男女差が最も大きかった項目は，「毎日の生活の中で治療（医療）が必要」であり，女性の平均値が 1.33 であるのに対し，男性は3.17 であった。これらの値を比較すると，男性が女性の約 2.4 倍となる。次に差が大きかった項目は，「家の周囲をよく出まわる」であり，男性の平均値が 2.08 であるのに対し，女性は 3.33 で，女性が男性の 1.6 倍であった。

② **QOL 値の相関**

　全体 QOL 値と領域別に示されている「身体的領域」，「心理的領域」，「社会的関係」，「環境領域」との関係を調べることを目的として，全体とそれぞれの領域について，相関分析をおこなった。その結果，全体と身体的領域の間には正の相関（r=.5621）がみられ，心理的領域との間にも正の相関（r=.6519）がみられた。また，社会的関係との間には正の強い相関（r=.7371）がみられ，全体 QOL 値と社会的関係の関係性が明らかになった。環境領域についても，正の相関（r=.4344）がみられ，全ての領域と全体 QOL 値との関係性が認められた。

　また，グループホーム入居者の属性との関係性として，年齢（r=.1539）とQOL 値との間には，ほとんど相関がみられないという結果となり，障害支援区分（r=.1623）も同様にほとんど相関がみられず，CP 換算値（r=.2733）については，弱い相関がみられた（＊＊.1 ％有意）。

　調査からみるグループホーム入居者の QOL

　精神障害のある人々の QOL 調査を通して，グループホームに入居している統合失調症の人々の QOL は一般住民より低いことがわかり，男女差についても，男性のほうが女性よりも低いことが示された。すなわち，グループホーム

入居者は一般住民と比較して，いずれかの項目で低い値を示しており，グループホームにおける支援として，それらの低い項目を改善するように働きかけることで，入居者にとってのQOLを向上することができると考えられる。また，男女差については，領域別に見ると「環境領域」に最も大きな差がみられている。この結果は女性のグループホームのほうが男性のグループホームよりもバス停や電車の駅に近く，徒歩圏内にスーパーや薬局，クリニックがあることが理由として考えられる。グループホーム周辺の環境は「周囲の交通の便に満足」「家と家のまわりの環境に満足」などの項目に関係していると考えられるため，どのような場所にグループホームを設立するかということが影響を与えていると考えられた。

　領域別のQOL平均値を比較してみると，グループホーム入居者にとって最も低い値となった領域は「身体的領域」であった。しかし，國方・三野（2003）の調査によって示された，統合失調症の人々にとっての低い領域は「心理的領域」，「社会的関係」，「環境領域」であり，「身体的領域」については言及されていない。このことから，在宅で生活する人々とグループホームで生活する人々は異なる領域における生きづらさを抱えていると考えられる。この結果は本調査における項目別QOL値からも分析することができ，26の設問の中で最も低い評価となったのが「家の周囲をよく出まわる」，二番目に低い評価となったのが「毎日の生活の中で治療（医療）が必要」，三番目に低い評価となったのが「毎日の生活を送るための活力」，「毎日の活動をやり遂げる能力」の4項目であった。これら全ては「身体的領域」からの項目であり，精神疾患による身体への影響が入居者の生活と関係していると考えられる。したがって，グループホーム入居者の身体状況の改善を図るような関わりをおこなうことができれば，QOLの向上にもつながるということがわかった。

　また，全体とそれぞれの領域別の相関から「環境領域」領域のみ相関関係が弱かった理由として，グループホーム入居者が自分のQOLを評価する場合，「環境領域」の項目でみられるような「生活の安全」，「生活環境の健康」，「必要なものを買えるお金」，「生活に必要な情報」，「余暇を楽しむ機会」，「家と家

のまわりの環境」、「医療施設や福祉サービスの利用しやすさ」、「周囲の交通の便」によって判断しているのではないと考えられる。外的な要素でもある環境よりもむしろ「身体的領域」、「心理的領域」、「社会的関係」のような内的な要素との関連性がみられ、とりわけ強い相関がみられた他者との関係を表す「社会的関係」が大きく関係しているといえる。グループホームでの人間関係や友人関係が入居者のQOLと深く関わっているという結果から、グループホームという場における他の入居者との時間の共有が、コミュニケーションを促進し、全体的な向上につながっていると考えられる。

相関がほとんどみられないという結果となった「年齢」、「障害支援区分」、「CP換算値」からは、グループホーム利用者が高齢になることでQOL値が低下（上昇）するわけではないことが明らかにされた。しかしながら、グループホームにおける支援が長期化したり、利用者の高齢化が進んだりすることは、現場の課題として今後も検討していくべきである。地域移行支援が進むなかで、グループホームは病院と一人暮らし生活のゲートウェイ的な場としての役割が期待されている。一方で、疾病や障害、高齢化のためグループホームからの退所を検討することが困難な入居者も存在する。こうした入居者に対しての継続的な支援を展開するうえで、QOLの向上を目指すことは検討すべき視点でもある。

さらに、本調査では障害の程度が重度であり、精神症状を抑えるための投薬量が多い場合でもQOL値との関係性がほとんどみられなかったことから、障害のレベルや症状がQOL値を図る基準となるわけではないことが明らかにされている。支援を提供する側の先入観で、統合失調症の症状が重度であればあるほど、生活の中で困難を感じていると捉えがちである。障害や疾病にかかわらず、入居している人々を生活者としてどのように支援すべきであるかという視点を重視して、個別性に応じたグループホームでの関わりが求められているといえる。

### グループホーム入居者の QOL の特質

　グループホームで生活する精神障害のある人々の QOL は，年齢や疾病の症状，障害の程度等と直接的な関係性はなく，症状や障害の程度によって伴う間接的な身体的要因との関係性が高いことから，精神疾患からの副次的結果による身体的要因と入居者の生活の関係性の高さが明らかにされた。精神障害のある人々が日々感じている身体的要因に対して，どのような方法で支援すべきかを検討することは，グループホーム入居者の QOL を高める近道となるであろう。昨今の地域移行支援，とりわけ地域の具体的な受け皿として求められているグループホームの役割は今後も期待されている。その中で，生活者を支援するという視点から QOL を捉え，その向上を図ることはグループホームにおける支援の中核ともなり得る。

　本調査はグループホーム入居者の QOL の特質を把握し，それぞれの領域や項目を通して生活者の視点を理解することで，精神障害のある人々の生活における困難さに対する多角的な視点を得ることができた。しかしながら，それぞれの領域で示された結果を具体的な支援につなげていくには限界がある。そのためにも本調査を基盤として，グループホーム利用者へのインタビュー調査をおこなう必要性があり，質的な分析をおこなうことで，グループホームにおける具体的な支援のあり方を検討することが可能となると考えている。また，本調査は小規模で限られた対象者に対する調査であったため，都市の規模別・地域別に調査をおこなうことで，精神障害のある人々が入居しているグループホームという生活の場における QOL の実態を把握することが課題だといえる。


## 4　居住における支援の展開


　人は誰もが安心して食事をとり，眠ることのできる安全な場所が必要である。こうした居場所があってこそ日中活動や就労への参加が可能となる。グループホームという居住の場における支援は，人が生活を営む場という視点から捉えると，支援の中核になるともいえる。福祉国家においてもこうした居住の場を

支援の基盤として捉える考え方が主流となっており，国が直接的な支援として
資金的にもサポートしているという特徴もみられる。

　しかしながら，日本の地域生活支援では障害のある人々の就労支援や居場所
としての日中活動に焦点が置かれ，居住の場における支援が基盤として捉えら
れていない。例えば，障害者総合支援法では，2018年度現在における共同生
活援助事業（以下，グループホーム）の報酬単価は，利用者4人に対して世話
人1人が配置されていれば障害支援区分2の場合で292点となる。障害支援区
分2の利用者4名に対する1か月あたりのグループホームへの収入は夜間支援
を配置しなければ，おおよそ350,400円となり，1年でも4,204,800円である。
この金額から世話人と生活支援員に対する賃金だけではなく，事務所の費用か
ら社用車に対する費用まで，全てを賄わなければならない。この報酬単価は日
中活動である就労継続支援B型の定員20名以下かつ工賃月額5,000円以下の
562点よりも少ない。しかしながら，実際には週末も含め，入居者は日中活動
よりも長い時間を居住の場で過ごしており，障害のある人々が地域で生活を送
るうえでグループホームはなくてはならない存在である。

　このように，グループホームにおける支援は，入居後のリハビリテーション
からリカバリーまで幅広く利用者の生活に関係しており，入居者の次の人生の
ステップにつなげる役割をも果たしている。したがって，本来であれば一人ひ
とりのニーズに応じた個別化が求められ，その個別性を実践できるだけの力量
のあるソーシャルワーカーの配置が必要といえる。

　本研究でも取り上げた長期入院経験者に対するグループホームでの移行支援
でも，ソーシャルワーカー（世話人）による個別性を重視した実践の尊重が円
滑な支援につながっていることがわかっている。こうしたの段階を経て，入居
者が自分にも地域で生活するちからがあることに気づき，生きるちからを取り
戻すプロセスを一人で乗り越えていくことは容易ではない。こうした場面だか
らこそソーシャルワーカーが伴走者としての役割を果たすべきだと考えられる。

　一方で，グループホームの多くは非常勤職員で対応されていることも多く，
常勤のソーシャルワーカーを配置することが難しいという財政的基盤の弱さが

みられる。グループホームは食事支援や生活支援を含めた安心・安全を提供する場であると同時に，入居者のリカバリーの場でなくてはならない。そう考えると，グループホームに入居している人々のQOLを高め，一人で生活していくという次のステップへつなげていくためには，日本の居住支援に対する考え方はあまりにも乏しい。

　グループホームで生活する40代の精神科長期入院経験者の一人は私にこう話してくれた。「私は病院からグループホームに入所できて幸せです。このままこの場所で動けなくなるまで生活することが私の夢です」。地域移行という視点からみれば，精神科長期入院から地域への道を辿り，グループホームで安定した生活を送り続けられるように支援することは正しいのかもしれない。しかし，残りの何十年にわたる人生をグループホームで過ごすことが果たして本当に正しい支援なのだろうか。こうした入居者をエンパワメントすること，そして新たな夢や希望に向かって歩むことができるようになるための支援をおこなうことが居住支援には求められている。精神保健福祉における居住支援の役割はとてつもなく大きいものだといえる。

# 第4章
# 日中活動に対する視点を重視したソーシャルワークの展開

　本章では，地域生活支援の実践のなかでも原始的なモデルとして知られるクラブハウスモデルの歴史を振り返り，リーディングモデルとして世界各国に広がっていったその概要について分析する。クラブハウスモデルという言葉は，精神保健福祉分野においてよく語られている。しかしながら，その詳細についてはあまり知られていない。クラブハウスモデルがどのような理念の基で展開され，具体的にどのような運営をおこなっているのか，これまでに第2章と第3章の調査の中でも言及してきた。ここでは歴史的展開と運営方法に焦点をあて，リハビリテーションモデルとして，リカバリーモデルとして広がり続けるその全体像を明らかにする。

　さらに，クラブハウスの出発点として知られるニューヨーク市のファウンテンハウスを一事例として捉え，クラブハウスモデルの構成要素を検討し，その活動を具現化することで，日中活動を支える地域生活支援に求められる支援のあり方について検討する。

## 1　日中活動の原始的なモデルとしてのクラブハウス
### ——地域生活支援のはじまり

　精神障害のある人々に対する地域生活支援のなかで，最も歴史がある日中活動の実践として知られているのがニューヨーク市で始まったファウンテンハウスの実践である。ファウンテンハウスは，大規模精神科病院から地域ケアへの移行がおこなわれる以前の1940年代からセルフヘルプ・グループとして活動を開始し，その後ソーシャルワーカーがリハビリテーションモデルとしてその

写真4-1　ファウンテンハウスの建物

活動を確立させたことにより，地域生活支援の原型としてアメリカ全土そして全世界に認知されるようになっていった（Macias et al. 1999）。

　ファウンテンハウスでは，精神障害のある人々を患者やクライアントとしてではなく，ソーシャルクラブに属するメンバーとしてお互いを尊重しながら活動することを目的としていたことから，活動に参加する人々をメンバーと呼び，このモデルをクラブハウスモデルと称した（Jackson 2001）。クラブハウスモデルが発展していった過程として，ファウンテンハウスは，1977年に国立精神衛生研究所から10年間にわたる補助金事業を委託され，10年の間に220か所のクラブハウスを全米に設立させた（International Center for Clubhouse Development 2009b）。その後，クラブハウスは世界各国へ活動の幅を広げ，30年間でその数は300か所以上，30か国以上に及んでいる（Clubhouse International

写真 4-2 ファウンテンハウスの玄関

2018)。

　現在もニューヨーク市のマンハッタン中心部に位置するファウンテンハウスの主な活動について簡略に説明すると，ファウンテンハウスには，ユニットと呼ばれる日中活動を提供する場が全部で 8 か所あり，それらは受付ユニット，キッチンユニット，園芸ユニット，就労ユニット，リサーチユニット，教育ユニット，事務ユニット，ウェルネスユニットに分かれている。それぞれのメンバーはいずれかのユニットに所属し，ユニット内での活動に参加する。このなかでもキッチンユニットでは朝食，昼食，スナック，そして夜間プログラムの夕食を提供しており，誰でも気軽に利用できることから，一人暮らしメンバーへの格安で栄養のある食事を提供している。就労ユニットでは，80 か所以上にも及ぶ就労先を管理しており，就労を希望するメンバーの支援をスタッフのみならず，メンバーも一緒になっておこなっている。

　ユニット以外では，ヨガ教室や絵画教室，手芸教室などのクラブ活動的なプ

ログラムを提供する夜間プログラムがあり，映画やスポーツなどの余暇活動を
おこなう週末プログラムも提供している。ユニットでの活動はメンバーにとっ
ての「仕事」と認識されることから，クラブ活動や夜間プログラムは「仕事」
が終わってからの余暇活動として運営されている。また，感謝祭やクリスマス，
お正月も開所しており，メンバーは 365 日いつでも必要に応じて利用すること
ができる。「ひとりぼっちじゃない」という理念がいつでも好きな時に来られ
る居場所としての役割を果たす。さらに，居宅支援としてグループホームを含
む 410 か所以上の部屋を管理しており，医療を除く生活に必要な支援の全てが
ファウンテンハウスで得られるようになっている。

### ロックランド州で始まったクラブハウスモデル

　クラブハウスモデルの活動は，1943 年ニューヨーク州郊外に位置するロッ
クランド州立病院に勤務するシャーマーホーンとジョンソン医師の薦めによっ
て始められたセルフヘルプ・グループから始まったといわれている（Anderson
1998）。その当時，東京ドーム約 50 倍の敷地に 2,000 人あまりの専門職が勤務
し，6,000 床以上の病床を有する巨大精神科病院であったロックランド州立病
院には，敷地内に発電所・農場・工場があり，生活に必要な家具や道具は患者
が自分たちで生産・消費するという方法で生活していた（Cornachio 1999）。

　男性病棟に勤務していたジョンソン医師は，1930 年代よりアルコール依存
の治療法として使われていたアルコホーリクス・アノニマス（以下，AA）
（AA Services 2007）からインスピレーションを受け，精神障害のある人々に
対する退院準備としてのグループを病棟のなかにつくった。また，スイスでユ
ングの教えを受けていたシャーマーホーンはジョンソン医師のグループを対象
に読書グループ・音楽グループ・美術グループなどのレクリエーションを含む
活動だけでなく，退院に向けた準備のためのミーティングをおこなっていた。
1943 年の夏，シャーマーホーンは病気のためロックランド州立病院を去るが，
そのグループは継続し，メンバーの一人でマンハッタンに戻ったオボレンス
キーは，1944 年の冬に退院したグループメンバーを集めて "We Are Not

第4章 日中活動に対する視点を重視したソーシャルワークの展開

Alone"（ひとりぼっちじゃない；以下，WANA）を結成した（Anderson 1998）。ニューヨーク市マンハッタンのYMCAで開かれた記念すべきWANAの最初のミーティングには男性10名とシャーマーホーンが参加した（WANA Society Bulletin 1944）。

WANAは毎週金曜日の夜にミーティングをおこない，自分たちの退院準備のために結成したセルフヘルプ・グループの目的を拡張し，病院に入院している仲間の退院支援をおこなうようになった。そこで作成されるようになったのがWANA Society Bulletinという新聞である。そこには住宅情報から仕事情報まで，退院後の生活に必要な様々な情報が載せられ，退院を迎える人々はWANAのミーティングにも招待された。セルフヘルプ・グループとして自由な枠組みで運営されていたWANAであったが，シャーマーホーンの協力によりWANAの組織化が始まり，そのリーダーとしてオボレンスキーが代表として選挙で選任された。

1945年には，複数の州立病院の理事・ニューヨーク州精神保健福祉委員長・YMCAの役員・シャーマーホーン・ジョンソン医師・そしてWANAの実行委員による諮問委員会が設立された（Anderson 1998）。その頃のWANAの活動目標は，マンハッタンの中心に赤いレンガの家を所有すること。地下には遊戯室とダンスルーム，１階には図書館とオフィス，その上には精神科病院から退院する患者のための部屋を準備すること。クラブ全体はWANAで選ばれたメンバーが管理・運営をおこなうことであった（WANA Society Bulletin 1946）。その後，WANAは確実に実績を積んでいき，設立から２年で100名のメンバーが参加するようになった。そして，そのうちの20名はWANAによる退院支援を通して精神科病院から退院し，37名はWANAによる住宅・就労支援を受けていた（Emmons 1946）。

### ファウンテンハウスの誕生

1948年シャーマーホーンとその友人のカレンは，自らの寄付金とハートリー・ハウスという近隣のセツルメントハウスの協力を得て，マンハッタンの

105

中心部にあたる 412West47thStreet の一軒家を買い取った。その家にあった庭と噴水からファウンテンハウスという名前を命名し，同年にはファウンテンハウス基金がつくられ，シャーマーホーンが代表に就任した（Anderson 1998）。ファウンテンハウスのメンバーの多くは仕事を持っていたため，活動の中心は夜間と週末におこなわれ，地域で特別な才能を持っている協力的な人々をボランティア講師として招き入れた。

　ファウンテンハウスの全ての活動はメンバーによって運営され，その活動内容は，月曜の夜：娯楽クラブ，水曜の夜：ビジネスミーティングとゲスト講師，木曜の夜：アートクラス，金曜の夜：趣味と手芸クラブ，土曜の夜：ダンスとゲームであった（Miloslovsky 1949）。こうして，セルフヘルプ・グループを起源とし，メンバー同士で活動を始めたファウンテンハウスは，病気にとらわれることなく，個人を「患者」ではないクラブハウスに所属する「メンバー」として認識することで，地域の中であたりまえに人として生きることの意義に着目した。

　その当時，医療モデルが主流となり，個人の生活よりむしろ病気の治療が中心となっていたアメリカの精神保健福祉制度の中で，メンバー同士が力を合わせ，相互支援と自助活動を中心として活動するファウンテンハウスは，精神保健福祉の関係者から注目を浴びるようになり，ロックランド州立病院で作業療法をおこなっていたグループもファウンテンハウスの一角で作業をおこなうようになっていった。こうして，ファウンテンハウスは病院と一般社会をつなぐ架け橋として考えられるようになり，1949 年には全国精神衛生法の補助金 1万 6,000 ドルを受け，3 名のスタッフを雇うようになった。この頃のファウンテンハウスにおける課題は，治療的視野を背景に持つ専門家としてのスタッフと，仲間同士で退院支援と生活支援を繰り広げるメンバーのバランスであった。シャーマーホーンは，ファウンテンハウスの機能をスタッフによる専門的な視点がコントロールするのではなく，メンバー同士の力で相互支援をおこなう治療的社交クラブとしての位置づけを保つことに重視した。その結果，メンバーはメンバーの代表を選挙によって決定し，クラブハウス運営の決定責任は基本

的にメンバーが持っているという当初の形式が継続された（Anderson 1998）。

　ファウンテンハウスは1955年の夏，ミシガン州のウェイン郡総合病院で精神障害のある人々のリハビリテーションに携わっていたソーシャルワーカーのビアードを迎え入れることになった。ビアードは，ファウンテンハウスではおこなわれていなかったデイプログラムの開発に力を注ぎ，昼間の居場所がなかったメンバーを対象とした日中プログラムを提供するようになった。ビアードの支援方法はこれまでの専門職による方法とは異なっていた。例えば，一人のメンバーに電話の応対役を仕事として任命し，ほかのメンバーにメッセンジャーとして用件を伝達する役割を任命した。一つひとつメンバーの活動への関わりが増えていき，メンバーもスタッフも狭い階段で肩と肩を摺合せながら駆け上がっていく風景が見られるようになっていった。ビアードは机を隔ててメンバーと面談することに違和感を抱き，机が象徴する権威的なイメージを嫌った。このことから，いつも大きな丸いテーブルにメンバーと座り，隣合わせで話をするスタイルを好んだ。同じ建物の中に自分やスタッフだけのトイレがあることにも疑問を抱き，ファウンテンハウスにあった3つのトイレのうち，ビアードのオフィスに一番近いトイレの扉に「誰でも使ってください」と札を立て掛けた。ビアードのアプローチは，なぜAさんが統合失調症なのか，彼がなぜ病気になり，病気にどう向き合うべきなのかということに焦点をあてるのではなく，どうすればAさんにごくあたりまえの生活を提供することができるのかということに焦点をあてることであった。メンバーの病気ではなく，性格や人柄に着目するという視点をファウンテンハウスに取り入れ，ほかのスタッフにも同じアプローチを求めた。その結果として，ビアードのアプローチに賛同できなかったスタッフはファウンテンハウスを去り，賛同していったスタッフはほかの地域で第2のクラブハウス，第3のクラブハウスとモデルの実践を展開するようになっていった（Flannery & Glickman 1996）。こうして，ビアードは全ての活動をメンバーとスタッフが共同でおこなうという当初からの理念を受け継いだだけでなくメンバーとスタッフの平等性，パートナーという関係性を強調しながら理念を打ち立てていった。このデイプログラムの効果により，

数年間打ち切られていた州政府からの補助金も運営資金に含まれるようになり，ファウンテンハウスは，社会的に抑圧されていた精神疾患のある人々の居場所となり，そして自分たちの力を取り戻すリハビリテーションの場としての存在を確立していった（Macias et al. 1999）。

### アメリカ全土へそして世界へ

ファウンテンハウスは，クラブハウスモデルをアメリカ全土に普及させるためのプロジェクトとして，1977 年にアメリカ国立精神衛生研究所からの 10 年間の補助金を受け，クラブハウス運営のための研修プログラムを開設した（Jackson 2001）。運営に求められるクラブハウス独自の理念からクラブハウスモデルの実践まで，3 週間の実習がこの研修に盛り込まれ，これが現在でもおこなわれている 3 週間研修の基礎となっている。この研修はメンバーとスタッフにより構成・運営され，参加する人々も一つのクラブハウスからメンバーとスタッフの両者が求められ，研修を提供する場もクラブハウスとしている。このプロジェクトにより，大勢のメンバーとスタッフが研修に参加し，全米では10 年間で 220 か所のクラブハウスが設立され，その動きはカナダ，ヨーロッパ，オーストラリア，アジアへと次第に浸透していった。そして，世界中のクラブハウスが集結し，自らの実践を報告したり，研究結果を発表したりするクラブハウス国際セミナーが 1973 年より 4 年に 1 回開かれるようになった（現在は 2 年に 1 回開催）。1989 年の第 5 回クラブハウス国際セミナーでは，全米12 か所のクラブハウスが結集して議論した 35 項目の「クラブハウス国際基準」が公表された（International Center for Clubhouse Development 2009b）。その 4 年後に開催された 1991 年の第 6 回クラブハウス国際セミナーでは，この基準を国際基準として提示し，どの国でクラブハウスをおこなう場合でも，モデルとしての一定水準を保つために，この基準を適応させることとした（高木1992）。現在のクラブハウス国際基準に対する考えは，基準はクラブハウスの中核を担うガイドラインであり，メンバーの人権宣言であるが，文化的背景や時代の変化，状況に応じて変化するものでもあり，今後も議論し続けられるも

のであるとされている（International Center for Clubhouse Development 2009a）。

　こうして，ファウンテンハウスは，世界中に広がり続けるクラブハウスモデルの発展と新設されるクラブハウスの支援を目的とする主体組織の重要性を認識し，従来までの寄付金プロジェクトとは異なる正式な独立組織として，1994年に International Center for Clubhouse Development，現在のクラブハウスインターナショナル（以下，CI）を開設した。CI は，世界中で新しく開設されるクラブハウスがクラブハウスモデルとして基準に基づいた運営をおこなっているのかを審査する認定機関でもあり，この認定過程も CI のスタッフだけでなく，既存のメンバーとスタッフが各国の現場に出向いておこなっている。すなわち，世界各国にあるクラブハウスは CI を通してつながり，そのコミュニティを確立している。そして，CI は，クラブハウスモデルが質の高いモデルであり続け，一人でも多くの精神障害のある人々がクラブハウスの精神を通して地域生活を実現できるように，研修・セミナー・認定に携わり，モデルの理解と普及に向けて活動をおこなっている。

### クラブハウス国際基準

　クラブハウスの活動がクラブハウス国際基準に基づいて運営されているということは，ここまでに挙げた歴史からもわかる。クラブハウス国際基準には，ファウンテンハウスの活動とその活動に準じたほかのクラブハウスの実践から練りあげられたモデルの本質が凝縮されており（高木 1992），それは，精神障害のある人々が人として生きる姿を尊重し，自己実現を達成するために必要な支援のあり方を記したものである。それは，メンバーにとっての人権宣言でもあり，クラブハウスがクラブハウスとして機能するための基準である。具体的にどのような基準に沿って運営しているかの理解を深めるために，ここではクラブハウス国際基準の全文を記載する（資料4-1）。

**資料4-1　クラブハウス国際基準**

〈メンバーの資格〉

1　クラブハウスへの入退会は，個人の自発的な意思による。在籍期間の限定はない。

2　入会の決定権はクラブハウスにある。入会の資格は，精神疾患の経験があるという事実だけ
　である。ただし，著しくクラブハウスコミュニティの安全を脅かす行為のある人は例外とする。

3　クラブハウスで，共に働くスタッフをどのように利用するかを決定するのはメンバーである。
　メンバーの無理な参加を意図する同意事項，予定表，規則は設けない。

4　メンバーは，全員，平等にクラブハウスの提供するすべての機会を得る権利があり，診断名
　や障害のレベルによって区別されることはない。

5　自らの選択に基づき，メンバーはクラブハウスへの参加状況の記録作成に参加する。その場
　合，その記録にはメンバーとスタッフ双方が署名をする。

6　メンバーには，欠席期間の長短にかかわらず，クラブハウスコミュニティにいつでも再び参
　加できる権利をもつ。ただし，その再参加がクラブハウスコミュニティに対する脅威となる場
　合は，この限りではない。

7　クラブハウスは，欠席が続いているメンバーがコミュニティや病院内で孤立しないように，
　効果的なリーチアウト（訪問支援）を提供する。

〈メンバーとスタッフの関係〉

8　クラブハウスのすべてのミーティングは，メンバーとスタッフの双方にオープン（自由参
　加）である。プログラムを決めることや，メンバーに関係する事柄について話し合う際に，メ
　ンバーのみ，または正式スタッフのみ，という限定された会議で，プログラムやメンバーに関
　する決定が議論されることはない。

9　クラブハウスのスタッフの人数は，登録したメンバーの数に見合ったものでなければならな
　い。しかし同時に，メンバーの参加なしには運営責任を果たせない程度にとどめなければなら
　ない。

10　クラブハウスのスタッフは，多方面の総合的な役割を果たす。すべてのスタッフは，就労，
　住居，夜間と週末，祝祭日，およびユニット活動の責任を分担する。クラブハウスのスタッフ
　は，クラブハウス以外の仕事を兼務しない。

11　クラブハウスを運営していく責任はメンバーとスタッフにあり，最終的にはクラブハウスの
　施設長が負担する。この責任の中核をなすものは，双方がクラブハウスの運営のあらゆる面に
　責任ある関わり方をするというところにある。

〈クラブハウスという場所〉

12　クラブハウスは，それぞれ自体が独自性をもち，固有の名称，住所（アドレス），電話番号
　などをもつ。

13　クラブハウスは独自の集会場所をもち，それはいかなる精神保健施設からも独立しており，
　他のプログラムと完全に切り離されていなければならない。クラブハウスは，デイプログラム
　（日中活動）が容易にできるように，また魅力的で，充実した規模があり，敬意と尊厳の雰囲
　気を感じられるように整備される。

14　クラブハウスのすべての場所は，メンバーとスタッフが自由に出入りすることができる。ス
　タッフ専用またはメンバー専用の場所を設けない。

第**4**章　日中活動に対する視点を重視したソーシャルワークの展開

〈日中活動（work-ordered day）〉

15　日中活動では，メンバーとスタッフが一緒に，横並びの関係でクラブハウスを運営する仕事に携わる。クラブハウスは，メンバーの強さ，才能，可能性に焦点を合わせ，通常の活動には，薬物療法，デイケア，また，いかなる治療プログラムも含めない。

16　クラブハウス内で行われる作業は，クラブハウスコミュニティを運営・強化する中で，クラブハウスが生み出す作業に限られる。クラブハウス外の個人や機関から請け負う作業は，有給・無給にかかわらず，クラブハウス内でする作業としては受け入れない。クラブハウス内のどのような作業をしても，メンバーに報酬が支払われることはない。また，不自然な報酬支払い制度を設けない。

17　クラブハウスは，少なくとも週に5日は開所する。日中活動は，一般的な勤務時間帯と同じ時間に行われる。

18　クラブハウスは，一つ以上の作業ユニットを組織する。それぞれには，充実して人を引きつける日中活動を維持するのに充分なスタッフとメンバーがおり，意味のある仕事がある。各ユニットミーティングは，日中活動を組織・計画すると同時に，人間関係を育てるために行われる。

19　クラブハウス内の作業は，すべてメンバーたちが自尊心，人生の目標，自信を取り戻すことを目的として設計されている。その作業は，仕事に就くための特定の訓練を意図していない。

20　メンバーは，クラブハウスの中のすべての作業に参加する機会を与えられる。それら作業は，運営，調査，新メンバーの受け入れ・オリエンテーション，訪問援助，スタッフの採用・研修・評価，広報活動，権利擁護（運動），クラブハウスの有効性を評価することを含む。

〈就　労〉

21　クラブハウスは，メンバーが過渡的雇用（TE），援助付き雇用（SE），一般就労（IE）を通じて，一般社会において賃金を得ることを可能にする。したがって，クラブハウスは，クラブハウス内の仕事，他のクラブハウスの仕事，また保護的作業所などの仕事を提供しない。

〈過渡的雇用〉

22　クラブハウスには，独自の過渡的雇用プログラムがある。過渡的雇用プログラムとは，メンバーであることの権利として，会社，工場で働くための仕事斡旋の機会を提供することである。クラブハウスの過渡的雇用プログラムのはっきりとした特徴として，メンバーが欠勤している間は，他のメンバー，スタッフがそのすべての仕事をやりとげることを，クラブハウスが保証することである。さらに，過渡的雇用プログラムは，次の基本的な基準にかなうものでなければならない。

　　ⓐ本人の働きたいという希望が，仕事を斡旋する機会を提供するかどうかを決める，ただ一つの，一番大切な条件である。

　　ⓑ前の仕事での成功の程度に関係なく，メンバーは仕事への斡旋の機会を継続的に利用することができる。

　　ⓒメンバーは雇用主の職場で働く。

　　ⓓメンバーには，少なくとも最低賃金以上の一般と同等の給料が，雇用主から直接支払われる。

　　ⓔ過渡的雇用の仕事の配置は，広い分野の仕事の機会から選び出される。

ⓕ過渡的雇用で斡旋される仕事は，パートタイムで期限があり，一般的に週に15〜20時間で，継続期間は6〜9か月間である。

　　ⓖ過渡的雇用の斡旋受けるメンバーを選び訓練するのは，クラブハウスの責任であり，雇用主の責任ではない。

　　ⓗクラブハウスのメンバーとスタッフは，過渡的雇用の就労状況について，メンバーの利益を扱うすべての適切な機関への報告書を準備する。

　　ⓘ過渡的雇用の仕事の斡旋は，クラブハウスのスタッフとメンバーが運営し，過渡的雇用の専門家が運営するわけではない。

　　ⓙクラブハウス内に過渡的雇用の勤め口を設けてはならない。過渡的雇用に協力してくれる職場は，クラブハウス外の仕事で，上記の基準をすべて満たすものでなければならない。

〈援助付き雇用と一般就労〉

23　クラブハウスは，メンバーの就労を確保・維持し，さらに，向上するように援助・支持する独自の援助付き雇用および一般就労プログラムを提供する。クラブハウスの援助付き雇用を定義する一つの特徴として，クラブハウスは働くメンバーと雇用主間の関係性を維持する。メンバーとスタッフがパートナーシップで望ましい支援のあり方，頻度，場所を決める。

24　一般就労しているメンバーは，引き続きクラブハウスのすべての援助と機会を利用できる。それら援助と機会利用の可能性としては，権利擁護の支援，住宅保障，医療，法的問題，経済問題，さらに個人的な事柄についての相談を含む。週末および夜間への参加は勿論である。

〈教　育〉

25　クラブハウスは，メンバーが自分たちの職業的，また教育的現実目標に到達できるように，地域に存在する成人教育の機会利用を援助する。クラブハウス自体がその活動として，教育的なプログラムを展開している場合には，それらを積極的に活用し，メンバーの学習と個人指導，双方の能力を向上させる。

〈クラブハウスの役割〉

26　クラブハウスの設立場所は，手近な交通手段が利用でき，プログラム参加の行き帰りと，過渡的雇用の職場への通勤の両方に便利であることが通常である。公共の交通機関の利用が難しい場合には，クラブハウスは代わりとなる交通手段を用意する，もしくは調整する。

27　クラブハウスの仲間を援助するサービスは，メンバーとスタッフが行う。地域生活の支援は，クラブハウスの日中活動の仕組みの中で行われる。その中には，娯楽，住居の確保，権利擁護支援，健康な生活様式の展開，また地域内の良質な医療，心理療法，薬物療法，薬物乱用治療サービスなどを探し出すに当たっての援助なども含まれる。

28　クラブハウスは，安全で，人並みで，手頃な家賃の住居の多様な選択をメンバー全員に確保することに取り組み，それには自立生活の機会を含む。クラブハウスは，これらの基準に沿った住居機会が得られるような手段を持つ。もし，そのような手段がない場合は，クラブハウス独自の住居プログラムを開発する。クラブハウスが提供する住居プログラムは以下の基準に沿ったものとする。

　　ⓐメンバーとスタッフが，一緒になってそのプログラムを運営する。

　　ⓑ入居はメンバーの意思による。

　　ⓒメンバーが，その住居の場所と一緒に，暮らす人を選ぶ。

第4章　日中活動に対する視点を重視したソーシャルワークの展開

　　　ⓓ住居プログラムの方針と手続きは，それ以外のクラブハウスのプログラムの風土や文化と，いわば，同質性を保つような内容で作られなければならない。
　　　ⓔクラブハウスからの援助の水準は，メンバーのニーズの変化に応じて増減する。
　　　ⓕメンバーとスタッフは，メンバーが自分の住居を維持するために，特に入院期間中には，積極的にリーチアウト（訪問支援）する。
　29　クラブハウスは，クラブハウス自体の有効性の客観的な評価を定期的に行う。
　30　クラブハウスの施設長，メンバー，スタッフ，およびその他参加することが適切と思われる人たちは，CI に認定された研修センターで，クラブハウスモデルについての3週間研修プログラムに参加する。
　31　クラブハウスは，夜間と週末に，レクリエーションと社交のプログラムを行う。祝祭日は，世間の人たちと同じく，その当日にクラブハウスでも祝う。
〈クラブハウスの財政，管理方式，経営〉
　32　クラブハウスは，独立した理事会を設ける。理事会が資金を提供する機関と深く結びついている場合は，それとは別の諮問委員会を設ける。理事会・諮問委員会を構成するめいめいの人は，クラブハウスへの財政支援，法律上の問題への支援，法律制定への支援，消費者・地域生活支援・権利擁護支援をそれぞれ提供する地位にあるものとする。
　33　クラブハウスは，独自の予算を組み，運営する。会計年度に先立ち，理事会あるいは諮問委員会による承認を受け，会計年度中に定期的に監査を受ける。
　34　スタッフの給与は，精神保健分野における同等の職務に準じたものとする。
　35　クラブハウスは，適切な精神保健当局の支援を受け，すべての必要な免許・認可を受ける。クラブハウスはその働きの効果を高めるために有効な，より広い地域，領域の人々，組織と協力する。
　36　クラブハウスは，メンバーとスタッフが積極的に参加，決定のできる，開かれた討論の場を有する。決定は全員一致を原則として，その範囲は，運営組織，基本方針，将来計画の方向性，クラブハウスの発展計画などを含む。

出所：クラブハウスモデルの理解と普及に向けた基礎的研修会から引用（2011，51-55）（訳監修：窪田暁子）


　クラブハウス国際基準を通してファウンテンハウスの活動をみると，日々の活動が基準と深く結びついていることがわかり，クラブハウスであるための必須条件として，基準に沿ったプログラムの展開が求められていることがわかる。

### ファウンテンハウスからみるクラブハウスの活動

　基準に沿っておこなわれるクラブハウスの活動は，その規模や状況によって異なるものの，その構成はユニット活動とよばれるデイプログラムと全体を対象とした複数のプログラムによって成り立っている。ユニット活動の内容をフ

表4-1　ファウンテンハウスの活動プログラム

| 職業訓練<br>プログラム | 就労する力と能力を取り戻すための場としてユニットを形成し，ユニットを通してスタッフとメンバーが横並びの関係で一緒になって任務をおこなう。仕事を通じて必要とされること，感謝されることが自己認識につながり，コミュニティの一員としての自信を取り戻していくと考えられている。 |
|---|---|
| 過渡的雇用<br>プログラム<br>(Transitional<br>Employment：<br>以下 TE) | ①TE の就労は一般企業でおこなわれる。<br>②TE は原則として新人レベルである。<br>③TE は最低賃金より上の額が支払われる。<br>④TE の多くはパートとしておこなわれる。<br>⑤TE は誰かと共有せずに個人の仕事としておこなう。<br>⑥TE は過渡的が原則であり，3 か月から 1 年の期間を目安としている。<br>⑦TE は一般就労までの道程として，何度でもおこなえる。<br>⑧TE での失敗は成功への大切な経験である。<br>⑨TE の仕事は，まずスタッフが把握してから始めることにより，勤務に必要なスキルや作業の適正を把握できる。<br>⑩TE がクラブハウスに属することを雇用先に理解してもらう。<br>⑪メンバーが勤務できないときは，他のメンバーもしくはスタッフがその勤務をおこなうことで，雇用先への人材の確保を保障する。 |
| 夜間と週末の<br>プログラム | メンバー余暇活動の充実と交流関係を深めるために，夜間と週末プログラムでは，絵画と写真，ゲームや歌などのレクリエーション的な活動をおこなう。通常のデイプログラムは勤務時間として扱われるため，勤務後の余暇活動の一環としてプログラムが提供される。 |
| 居住プログラム | ファウンテンハウスでは，メンバー同士がお互いを支え合いながら，数名でアパート生活が送れるような支援をおこなっている。 |
| リーチアウト<br>プログラム | 何らかの理由で通所しなくなったメンバーに対し，電話連絡をしたり，手紙を送ったりすることにより，その個人が必要とされ，誰かが気にかけているというメッセージを伝えることができる。病院や自宅へ訪問することもある。 |
| クラブハウス<br>新聞 | クラブハウスコミュニティでの新聞を通じて，ファウンテンハウスの活動内容や出来事を報告するだけでなく，メンバーやスタッフの声を伝えていくことにより，コミュニティの絆を深めている。 |
| 治療と健康管理 | ファウンテンハウスはメンバーの仲間として，そして家族として，必要とされるレベルでの精神医療への仲介をしている。 |
| 評価とクラブ<br>ハウスの責任 | ファウンテンハウスは，プログラムとしての効果を継続的に高めていくための評価をおこなわなくてはならない。メンバーの自己評価を高め，人としての尊厳を高めるためにも「国際基準」を基礎としたプログラムの充実はクラブハウス運営に必須である。 |

出所：Beard et al.（1982）を参考に筆者作成。

ファウンテンハウスの例に挙げて説明すると，2018年現在，ファウンテンハウスはキッチンユニット，園芸ユニット，受付ユニット，教育ユニット，リサーチユニット，就労ユニット，事務ユニット，ウェルネスユニットとよばれる8つユニットによって構成されている。各メンバーはそれぞれがユニットに所属しながら活動をおこない，メンバーはユニットの活動を通して自分らしさを取り戻し，次のステップに向けて進んでいく。ビアードら（1982）によると，ユニットには，①メンバーの技能や能力の発展と地域での一般就労に向けた踏み台としての役割，②ユニット活動を通じた人間関係の構築と社会参加の役割，③メンバーの自尊心や自信，目標を取り戻すための活動としての役割がある。ユニット活動以外にも，ファウンテンハウスには多くのプログラムが存在する。これらのプログラムが一人ひとりの地域生活を支え，包括的に支援を展開することで，リハビリテーションを超えてリカバリーを促している。表4-1にファウンテンハウスの活動プログラムを提示する。

## 2 ファウンテンハウスの事例研究
### ——クラブハウスモデルの構成要素に焦点をあてて

クラブハウスモデルの歴史から，ファウンテンハウスがセルフヘルプ・グループから始まり，世界的なモデルに至るまでの歩みとその活動内容を把握することができた。ここからは，クラブハウス国際基準やクラブハウスの具体的なプログラムを前提として，これらの理念がどのような形で実践現場に応用されているかについて，事例をみながら具体的に論じ，地域生活支援モデルとしてのクラブハウスの構成要素を検討する。

### ファウンテンハウスの調査

本調査は，精神障害のある人々の地域生活支援がクラブハウスモデルとして実践されるためには，どのような構成要素が運営に反映されるべきなのかをファウンテンハウスを用いながら実証的に検討する。その方法として事例研究を用いる。質的研究方法論として長い歴史的のある事例研究は，体系的プロセス

によるデータ収集とデータ分析であり，知識開発のために事実を探究する方法といわれている（Donmoyer 1990）。また，現場の本質と事象の意義を抽出する調査として，最も適した方法論であり（Padgett 2008），さらに，特定の個人における個性を探究する事例研究ではなく，一定の現象や母集団，一般的状況を研究するためおこなう研究は集団的な事例研究とよばれている（Denzin and Lincoln 2005）。

　この枠組みを本研究にあてはめると，精神障害のある人々の生活が個々の事例に該当し，個々の事例が共通の特徴を持っていることで集団的な事例を表しているといえる。

　また，本調査は，2010年3月から8月までの6か月間において，ファウンテンハウスの倫理審査委員会から承認を受けてファウンテンハウス内で実施した。

### 調査対象組織の特徴と方法

　調査対象組織の特徴を挙げると，ファウンテンハウスのメンバーシップは終身なので，一度登録すれば永久にメンバーとしてファウンテンハウスを利用することができる。したがって，1948年から2011年までの63年の間にメンバーになった全員が現在でもメンバーとして登録されており，登録メンバーは1万8,250名程度であった。そのなかで，現在活動に参加しているメンバーは約1,200名で1日の平均来所者数はデイプログラムが350名から400名，ナイトプログラムが約100名，ウィークエンドプログラムが40名から70名。性別は男性が48％，女性が52％であり，平均年齢は50歳で，年齢層は18歳から94歳であった。ファウンテンハウスの7つの異なるユニットで勤務するフルタイムスタッフの数は35名で，うち社会福祉修士が14名，それ以外のスタッフは看護や心理学，教育を経歴に持っていることが多かった。ファウンテンハウスの特徴として，スタッフを必ずしも社会福祉系大学の卒業生に限定するわけではなく，多様な視点から包括的に支援が提供できるよう，人員配置が考えられていることがいえる。

第4章　日中活動に対する視点を重視したソーシャルワークの展開

　2010 年 2 月の時点で，ファウンテンハウスには，受付ユニット，キッチン
ユニット，就労ユニット，研究ユニット，園芸ユニット，教育ユニット，事務
ユニットの 7 つのユニットが運営されていた。8 つ目のユニットに該当するウ
ェルネスユニットは，ユニットが改装中であったため，実際の活動はおこなわ
れていなかった。したがって，この 7 つのユニットを主な調査の対象とした。
また，ファウンテンハウス全体を対象としているハウスミーティングや毎日お
こなわれているテーマごとのミーティング，ユニット外でおこなわれているフ
ァウンテンハウス全体の活動も対象とした。施設外の活動では，ハイポイント
と呼ばれるファウンテンハウスが所有する農園での活動や，ファウンテンハウ
スギャラリーといわれるメンバーアーティストによる美術品の展示場にも着目
した。こうしたファウンテンハウスが主導となる活動以外にも，クラブハウス
インターナショナル（CI）が主導となる 3 週間研修や会議がおこなわれており，
多様な活動ベースとしてのファウンテンハウスの機能も対象とした。これらの
活動を 6 か月間の参与観察にてフィールド・ノートに記録し，その内容を内観
的に振り返ることによりファウンテンハウスの運営に関する分析をおこなった。
　6 か月間に及ぶ調査の結果，ファウンテンハウスは，以下の 4 点を焦点とし
て運営されていることがわかった。

**ファウンテンハウスの活動は，運営基準となる指標に基づいて運営されている**
　ファウンテンハウスにおける全ての活動は，「クラブハウス国際基準」とよ
ばれる運営指標に基づいて構成されており，その基準が日々の活動に強く反映
されている。クラブハウスモデルは，1989 年にファウンテンハウスをはじめ
とする複数のクラブハウスにおける日々の活動を分析し，クラブハウスモデル
の中核を担う「クラブハウス国際基準」となる 35 項目の運営指標を発表した。
現在，その基準は 36 項目に改定され，10 の異なるカテゴリーにより構成され
ている。本章第 1 節で示したこれらの項目は，①メンバーの資格，②メンバー
とスタッフの関係，③クラブハウスという場所，④日中活動（work-ordered
day），⑤就労，⑥過渡的雇用，⑦援助付き雇用と一般就労，⑧教育，⑨クラブ

117

ハウスの役割，⑩クラブハウスの財政，管理方式，経営によって構成されている。基準は，精神障害のある人々が地域のなかで社会的，経済的，職業的目標を達成するために求められる支援の指針であり，メンバーにとっての人権宣言でもある。また，クラブハウスがメンバーに敬意を払い，機会を提供する場所であることを強調している（International Center for Clubhouse Development 2010）。

　表4－2は，ファウンテンハウスの事例に基づいて，クラブハウス国際基準が具体的にどのような方法で現場に反映されているのか，また活動のなかでどのような役割を果たしているのかということを示した。その結果，クラブハウスにおける活動の一つひとつが国際基準と深いつながりがあることがわかる。この事例を項目別にみていくと，①メンバーの資格を規定している項目では，「クラブハウスで共に働くスタッフをどのように利用するかを決定するのはメンバーである」と記されており，この基準に基づいたファウンテンハウスでの活動として，所属ユニットのスタッフ選定はメンバーに委ねられており，活動に関しても自主的に選択するため常に自己決定が求められる。②メンバーとスタッフの関係では，「クラブハウスのミーティングは，メンバーとスタッフの双方オープン（自由参加）である」と規定されている。この基準を反映させ，ファウンテンハウスにはメンバーが参加できないミーティングは存在せず，ミーティングも双方によって運営されている。③クラブハウスという場所として，「クラブハウスの全ての場所は，メンバーとスタッフが自由に出入りすることができる」という基準に対し，施設内にメンバーが立ち入れないスペースは設けていない。施設長の部屋も事務長の部屋も常にドアが開いており，いつでも誰でも入ることができる。④日中活動（work-ordered day）では，「メンバーとスタッフが一緒に，横並びの関係でクラブハウスを運営する仕事に携わる」と規定している。これに対し，ユニットミーティングは必ずメンバーとメンバー，スタッフとメンバーが協力しておこない，ユニット活動も強制されることなく全ての人が協力して作業をおこなっている。⑤就労では，「メンバーが過渡的雇用（TE），援助付き雇用（SE），一般就労（IE）を通じて，一般社

第**4**章　日中活動に対する視点を重視したソーシャルワークの展開

表4-2　クラブハウス国際基準とファウンテンハウスの活動事例

| 国際基準 | ファウンテンハウスの事例 | カテゴリー |
|---|---|---|
| ①メンバーの資格 | 　ファウンテンハウスへの入会・退会・再参加は本人の意思によるものであり，在籍期間に制限はないので，現在の登録人数は1万8,250人程となっている。 | 意思決定権 |
| | 　メンバーは自分が好きな時間に来所し，好きな時間に退所できる。来所や退所を誰かに報告する義務はない。自らの行動を誰かに指図されることもなく，その日にどのような仕事をするか，何時から何時までその仕事に従事するか，どのスタッフもしくはメンバーと一緒に仕事をするかなど，自分の意思で決定することができる。その日に仕事をすることが困難なメンバーは，来所はするが一日何もしないという選択肢もある。 | 共同作業<br>平等意識<br>意思決定権<br>自己効力感 |
| | 　各ユニットには5人のワーカーが配置されており，所属ユニットのなかで，自分の担当スタッフをメンバーが選択する。したがって，Aスタッフが30人以上のメンバーを担当しているにもかかわらず，Bスタッフは10人以下のメンバーを担当するということもある。スタッフがメンバーを選ぶわけではなく，スタッフは選ばれる立場となっている。 | 平等意識<br>意思決定権<br>自己効力感 |
| | 　ユニットのメンバーとスタッフは1か月に1回，ミーティングをおこない，プログレスノートといわれるパソコン上の記録に活動状況と達成内容を記載する。プログレスノートは担当のスタッフがメンバーから聞き取った内容を記入するわけではなく，メンバーが担当スタッフと話し合いながら，自分自身で記入する。 | 協同作業<br>平等意識<br>自己効力感 |
| | 　ユニット活動の一環として，リーチアウトといわれる訪問支援がある。メンバー同士のリーチアウトを通じて，不在のメンバーや入院中のメンバーに電話連絡をしたり，カードを贈ったり，お見舞いに出かけたりしながら一人ぼっちにならない支えあいをおこなっている。 | セルフヘルプ |
| ②メンバーとスタッフの関係 | 　1週間で15〜20種類の異なるミーティングがおこなわれている。ミーティングは，運営に携わるものから自助グループミーティングまで，全てメンバーとスタッフにより役割分担されながらおこなわれ，メンバーが参加できないミーティングはない。調査の承認をする倫理審査委員会も2人のメンバーと3人のスタッフにて構成されている。 | 協同作業<br>平等意識<br>セルフヘルプ |
| | 　メンバーとスタッフの比率は，日常的に利用するデイプログラムのメンバー10人に対し1人のスタッフで構成され，メンバー同士の協力とメンバーの運営に対する参加が大きな役割を担っている。 | 協同作業<br>平等意識<br>セルフヘルプ |

| | | |
|---|---|---|
| ③クラブハウスという場所 | ファウンテンハウス内にメンバーが入れないスペースはない。スタッフだけを対象とした部屋やトイレは１つもなく，全て共同で利用している。各ユニットはそのほとんどがオープンスペースになっており，いつでもお互いの顔を見ながら活動ができるようになっている。 | 平等意識<br>協同作業 |
| | メンバーの意思に応じて，医療関係者や精神保健施設と必要に応じて連携をとることがあるが，ファウンテンハウスの運営は他の機関に左右されることのない独自のものであり，メンバーが尊重され，安心して過ごせる場所となっている。 | 意思決定権<br>自己効力感 |
| ④日中活動<br>（work-ordered day） | メンバーは，入所時にどのユニットへ所属するかを決めるが，所属ユニットがあっても他のユニット活動に参加したり，所属ユニットの変更をすることができる。所属ユニットを変更すると，担当ワーカーも変更となるので，変更時に所属ユニットのワーカーに自分の意思を伝える。例えば，キッチンユニットのスタッフが受付ユニットのＥさんとエレベーターで一緒になった時，スタッフがＥさんに「またポテトサラダ作りにきてね。Ｅさんのサラダはとっても美味しかったわ」と声をかける。次の日に受付ユニットではなく，キッチンユニットでポテトサラダを作るＥさんをみかける。ファウンテンハウス内でどのような活動に参加するかという決定権はメンバー自身にある。 | 意思決定権<br>自己効力感 |
| | ユニットでは９時におこなわれる朝のミーティングと，１時半におこなわれるお昼のミーティングがある。ユニットミーティングはメンバーとメンバー，メンバーとスタッフが協力しておこない，司会と記録係に分担される。その日の午前・午後にどのような活動があり，誰がどの活動に参加したいかをミーティングに参加しているメンバーとスタッフで決める。活動の参加が強制的に決められることはない。ユニット活動は，スタッフだけ，もしくはメンバーだけで運営されるものではなく，メンバーとスタッフが協力して作業をおこない，お互いが横並びの関係を尊重している。 | 協同作業<br>平等意識<br>自己効力感<br>セルフヘルプ |
| | ユニット活動が始まると，メンバーは自分がミーティングの中で希望した活動をおこなう。日々の活動は日常化している部分も多く，メンバーは誰に何をすべきかを聞くこともなく，自主的に動くことができる。例えば，園芸ユニットのＫさんは活動が始まるとカートを引きながら，ファウンテンハウス内に設置されている花瓶の回収に向かう。Ｋさんは活動に慣れていない新しいスタッフや実習生，他のメンバーにも必要な事を伝えながら一つ一つ作業をこなしていく。スタッフだけが教える立場となっているわけではなく，スタッフもメンバーから教えられ，お互いにわからなこと，できないことを補い合いながら活動をすすめる。 | 協同作業<br>平等意識<br>意思決定権<br>自己効力感<br>セルフヘルプ |

| | | |
|---|---|---|
| ⑤就労 | 　ファウンテンハウスは，一般社会で賃金を得ることを尊重し，希望する誰もが就労する権利があるとして，過渡的雇用（TE）・援助付き雇用（SE）・一般就労（IE）を就労ユニットとして包括的に支援している。就労する準備ができているかどうかについてはスタッフが決定するのではなく，メンバーが自ら就労を希望することで失敗も成功も経験から学ぶという姿勢をとっている。 | 意思決定権<br>自己効力感 |
| ⑥過渡的雇用 | 　過渡的雇用は2人のスタッフそしてボランティアメンバーで1人のメンバーを支えている。その一例として，3年ぶりに仕事に取り組んでみたいと自分の意思を伝えたMさんは，自分のユニットに主となるスタッフ，そして園芸ユニットからのもう一人のスタッフに支援をうけることになった。Mさんは頻繁に体調を崩していたが，Mさんが勤務できない時は，Mさんの仕事を以前おこなったことのあるボランティアメンバーもしくは，2人のうちのどちらかのスタッフがMさんの雇用先へ代行勤務をおこなう。ユニットを超えて，そしてメンバーとスタッフの域を超えて支援がおこなわれている。働きたいというメンバーの希望が尊重されるシステムを通じて，継続的な勤務が困難なメンバーもメンバーとスタッフの支援を受けながら，過渡的雇用を利用できる。 | 意思決定権<br>自己効力感<br>セルフヘルプ |
| | 　過渡的雇用先の開拓はスタッフだけがおこなうわけではなく，メンバーとスタッフが協力しておこなっている。ファウンテンハウス全体を対象としたハウスミーティングやハウス新聞などでも過渡的雇用について取り上げ，メンバー・スタッフ・理事・諮問委員・関係者の全てが地域の雇用主で過渡的雇用に協力してくれそうな人々とのつながりを検討する。現在は，100か所から85か所になってしまった過渡的雇用先の現状からの回復方法を模索している。 | 協同作業<br>平等意識<br>セルフヘルプ |
| ⑦援助付き雇用と一般就労 | 　ファウンテンハウスが独自につながりを持っている雇用先に対し，援助付き雇用と一般就労の契約をおこなっている。これらの雇用先に対し，メンバーとスタッフが協力関係のもと場所や期間を設定し，お互いの条件が合う就労先を決定している。 | 協同作業<br>意思決定権<br>自己効力感 |
| | 　一般就労しているメンバーもファウンテンハウスの活動に参加できるように，夜間プログラムや週末プログラム，そして夜間のミーティングもおこなっている。就労をきっかけに居場所を失い，孤立するのではなく，就労しているメンバー同士そして就労を志しているメンバーと就労メンバーが交流することにより，互いを支え合う機会を提供している。 | セルフヘルプ |

| | | |
|---|---|---|
| ⑧教育 | 　年齢・性別・人種・出身にかかわらず，教育を受ける権利があるということを尊重している。教育ユニットでは，高校・短大・専門学校・大学・大学院へどのように復学し，卒業することができるのかということをメンバーとメンバー，スタッフとメンバーで支えている。したがって，ファウンテンハウスのメンバーであれば，誰もが教育ユニットを利用できる。 | 平等意識<br>意思決定権<br>自己効力感<br>セルフヘルプ |
| ⑨クラブハウスの役割 | 　ファウンテンハウスは包括的な支援を提供する場として，居住支援もおこなっている。したがって，ユニット活動とは別にメンバーとスタッフが共同で運営する居住支援プログラムがあり，シェルターなどの施設からアパートへ引越しが決まると，必要に応じて，ユニットのスタッフやメンバーが一緒に引越しを手伝う。 | 協同作業<br>セルフヘルプ |
| | 　メンバーとスタッフは定期的に3週間の研修プログラムに参加する。全てのクラブハウス研修はメンバーとスタッフが共に参加することになっており，3週間を一緒に過ごしながらお互いに学び合う機会を提供している。 | 協同作業<br>平等意識<br>セルフヘルプ |
| | 　ファウンテンハウスは365日オープンしている。週末のプログラムは土曜日17時から20時まで，日曜日12時から17時までおこなわれており，普段の作業的な活動ではなく，祝祭を祝うなど，プログラムの中で仕事と余暇の区別をつけている。また，木曜日と金曜日の17時から20時まではクラブ活動を中心とするナイトプログラムがおこなわれており，絵画クラブやソフトボールクラブ，漫画クラブやヨガクラブなど，自分の興味にあった活動に参加することができる。これらのプログラムもメンバーとスタッフが協同で運営している。 | 協同作業<br>意思決定権<br>セルフヘルプ |
| ⑩クラブハウスの財政，運営方式，経営 | 　ファウンテンハウスでは週に1回メンバーとスタッフ全員が参加できるハウスミーティングをおこなっている。ここでは，クラブハウスに関することから個人的なことまで，何でも自由に発言する機会を設けている。 | 協同作業<br>平等意識<br>自己効力感 |
| | 　ファウンテンハウスには理事会と諮問委員会が設置されており，その構成員は地域活動を支援することができる多様な分野の専門家となっている。また，ファウンテンハウスを利用するメンバーの代表としてメンバーも理事として運営に参加している。 | 協同作業<br>平等意識<br>セルフヘルプ |

出所：現地調査の結果に基づき筆者作成。

第4章　日中活動に対する視点を重視したソーシャルワークの展開

会において賃金を得ることを可能にする」という基準に対し，ファウンテンハウスでは常時80か所以上の雇用先を準備しており，メンバーの希望に応じて働く機会を提供している。

　⑥過渡的雇用では，「クラブハウスの過渡的雇用プログラムのはっきりとした特徴として，メンバーが欠勤している間は，他のメンバー，スタッフがその全ての仕事をやりとげることを，クラブハウスが保証することである」と記している。したがって，メンバーが安心して就労体験をおこなえるように，就労が困難な時はスタッフや他のメンバーが代わりに就労先へ出向いたりしながら協力体制のもとで貴重な経験を支援している。⑦援助付き雇用と一般就労では，「一般就労しているメンバーは，引き続きクラブハウスの全ての援助と機会を利用できる」と規定している。これに対し，ファウンテンハウスでは就労時間外に参加できる夜間・週末プログラムを提供し，就労をきっかけに孤立するのではなく，社会資源の異なる利用の方法を提供している。⑧教育として，「メンバーが自分たちの職業的，また教育的現実目標に到達できるように，地域に存在する成人教育の機会利用を援助する」という基準に対し，教育ユニットを設けることにより高校や大学の卒業を志す機会をメンバー同士の支え合いでおこない，キャリアアップのための専門的な資格の勉強ができる機会を提供している。⑨クラブハウスの役割として，クラブハウスのメンバー，スタッフ，そして関係者は「CIに認定された研修センターで，クラブハウスモデルについての3週間研修プログラムに参加する」と規定されており，ファウンテンハウスでも新しい職員に対して，そして参加を希望するメンバーに対して3週間のトレーニングを提供している。⑩クラブハウスの財政，管理方式，経営では，「クラブハウスは，メンバーとスタッフが積極的に参加，決定のできる，開かれた討議の場を有する」と規定しており，この基準に対しファウンテンハウスでは誰もが発言できるミーティングの機会を提供するだけでなく，運営をつかさどる理事会にもメンバー理事として参加して発言権を得ている。

123

ファウンテンハウスの運営指標が，精神障害のある人々のエンパワメントに
深く関わっていること

　ソーシャルワーク実践におけるエンパワメントの概念は，1980年代頃から
アメリカを中心に使われるようになり，障害のある人々を含む，社会的に抑圧
されたグループに対するアプローチとして主流化されている（久保 2007；板橋
2002；Gutierrez 2003）。その意味は複数の研究によって定義づけされており，
それを久保（1995）がまとめたものが，「エンパワメントは，社会的存在であ
るクライアントが社会関係の中で正当な社会的役割を遂行し自己決定権を行使
していくべく，力（個人的，社会的，政治的，経済的）を獲得することを目的と
した援助実践の過程であり，エンパワメント実践はワーカーとクライアントと
の協同作業である」とされている。また，グティエレス（Gutierrez 1990）は
エンパワメントプロセスにおける4つの心理的変化を定義しており，それらは，
①自己効力感を強めること（生活を統制する自己能力があるという信念），②集団
意識の発達（社会に対する集団の力に気づくこと，そして集団が運命を共有してい
るという感情），③自己非難の減少（自分の欠点や過失を責めないという意識の変
革），④変化に対する自己責任（無力な客体から積極的に参加する主体と変化す
る）である（小松 1995）。

　これらのエンパワメントの定義をもとに，エンパワメントがおこなわれる実
践がどのような要素を含んでいるのかということを検討し，その結果としてエ
ンパワメントに関わる6つのカテゴリーを抽出した。それらは，①意思決定権，
②自己効力感，③平等意識，④協同作業（スタッフとメンバー），⑤セルフヘル
プ（メンバーとメンバー）である。これらのエンパワメントカテゴリーを軸と
してファウンテンハウスの事例を読み解くと，それぞれの事例がカテゴリーに
該当することがわかる。事例とエンパワメントカテゴリーの関係性を表4-2
に示す。この結果，クラブハウスモデルの活動はカテゴリーにおける全てのエ
ンパワメント要素が重視されており，協同作業と平等意識では，スタッフとメ
ンバーが共に力を合わせて作業をおこないながら運営していく過程がスタッフ
とメンバーの平等意識につながり，社会的に抑圧されているメンバーがクラブ

ハウスでの体験を通じてエンパワメントされていくことを示している。また，活動全般で自分がいつ，どこで，どのように，何がしたいのかという決定に関する自主性が求められていることから，意思決定権が重視されており，その結果として自己効力感につながっていることがわかる。さらに，スタッフとメンバーとの関係性だけでなく，メンバーとメンバーが互いに協力し合い，学び合うことによって両者が力をつけるセルフヘルプが活動のなかで日常的におこなわれている様子がみられた。すなわち，クラブハウス国際基準からみたファウンテンハウスの活動はエンパワメント要素と深く結びついており，運営基準がエンパワメントを促していることが明らかになった。

**ファウンテンハウスでは，運営指標を正確に理解し，現場に活かす方法として，クラブハウスモデルの研修をおこなっている**

　クラブハウスがクラブハウスとして機能するためには，その運営指標となる「クラブハウス国際基準」をメンバーとスタッフが共に理解し，それをどのように現場へ反映させていくかを検討しなくてはならない。ファウンテンハウスがどのような方法で，その運営指標を理解し，現場へ反映するかというプロセスを表した具体的な事例を表4-3に示した。クラブハウスを開設する組織が，ファウンテンハウスなどの研修拠点で一定の期間の研修を受けることは，より具体的なクラブハウス運営について学ぶ機会になり，そして自らの組織が持っている課題にどう取り組むかを具体的に提示する機会にもなる。さらに，3週間の研修が終了した後も定期的にインターネット会議などを通じて，各クラブハウスの活動や運営状況を共有することにより，継続的に運営技術を高めることができるだけでなく，より質の高い活動方法の展開も視野に置くことができると考えられる。

表4-3　ファウンテンハウスと研修プログラム

| 事例 | 概　要 |
|---|---|
| 1 | 　ファウンテンハウスには，世界各国のクラブハウスに勤務するスタッフとメンバー，もしくはこれから開設するスタッフとメンバーが出入りし，ファウンテンハウスに滞在しながら，クラブハウスの運営について学んでいる。研修ベースとしてのファウンテンハウスには，一回の研修で約3～4か国，10～15人のメンバーとスタッフが出入りし，CIのスタッフとファウンテンハウスのスタッフとメンバーからクラブハウスに関する講義を受ける。この3週間に及ぶ研修で，各ユニットで実践に参加し，自らのクラブハウス運営について振り返りながら，今後の活動計画を作成する。 |
| 2 | 　クラブハウスの研修ベースはアメリカ5か所，カナダ，イギリス，オーストラリア，フィンランド，韓国に計10か所あり，ファウンテンハウスはその中で最も歴史が古く，そして最も規模が大きい。ファウンテンハウスの研修に来る人々はファウンテンハウスの隣にあるゲストハウスに滞在し，同じクラブハウスのメンバーやスタッフだけでなく，他のクラブハウスのメンバーやスタッフと情報交換しながら過ごす。 |
| 3 | 　研修では，研修ベースのメンバーをスーパーバイザーとして迎え，参加者が一緒になってクラブハウス国際基準の解釈を読み解く。そして，自分のクラブハウスの活動がどの程度，国際基準に沿って運営されているかどうかを評価する。この評価を通じて，自分のクラブハウスが課題としている分野に，今後どのように取り組んでいくべきかを具体的に書き出し，アクションプランとして提出する。このアクションプランの内容は，パソコン会議を通じて，1か月1回のペースで同じ研修を受けたチームごとに議論している。 |

出所：現地調査の結果に基づき筆者作成。


ファウンテンハウスを含むクラブハウスコミュニティでは，クラブハウスモデルとしての実践を持続するために，定期的かつ継続的な学びの機会を設けている

　クラブハウスモデルの効果を高めるために，3週間研修や国内会議，そして国際会議を通じて継続的な学びの機会が提供されている。クラブハウスの設立が最終的な目標ではなく，設立されたクラブハウスが，いかに基準に則した運営をおこなうかということ，そして時代と共にその運営を発展させていくことができるかということは，全てのクラブハウスが抱える課題でもある。こうした課題に対しファウンテンハウスをはじめとした研修ベースで取り組んでいるのが，新規だけではなく既存のクラブハウスを対象とした3週間研修および国

内外の会議である。上記に挙げた3週間研修は，新規に立ち上げをおこなう組織を対象にしているだけではなく，既存のクラブハウスのスタッフとメンバーにも積極的に参加するよう呼びかけている。

　したがって，ファウンテンハウスのスタッフもスタッフとして入職してすぐに研修に参加することが義務づけられており，長期に勤務しているスタッフには，5年に一度の3週間研修の参加が求められている。また，世界中のクラブハウスが集結する世界クラブハウスセミナーは2年に一度おこなわれており，2011年は第16回国際会議がフィンランドで開催された。

　2009年の第15回国際会議では，700人以上のクラブハウス関係者が集結したとの報告がある。国際会議のない年は，国内会議やアジア・ヨーロッパなどの地区会議がおこなわれている。これらの会議では，自分たちの活動報告だけでなく，クラブハウスの活動を研究対象にすることで，プログラム評価もおこなっている。国際会議を通じて，世界各地にあるクラブハウスでの様々な取り組みを知ることは，諸外国の先駆的な実践を学ぶ機会にもなり，教育的な要素も多く含んでいるといえる。

## クラブハウスモデルの位置づけ

　本調査で明らかになったクラブハウスモデルの要素は，①基準となる運営指標が明確に設定されており，その指標が運営に生かされていること，②運営指標が精神障害のある人々のエンパワメントに深く関わっていること，③運営指標を正確に理解し，実践に活かすために一定の研修システムが準備されていること，④実践の質を保つために，定期的かつ継続的な学びの機会を提供していることである。すなわち，クラブハウスモデルの構成要素は地域生活支援を実施するためのガイドラインでもあり，そのモデルをより良いものにしていこうと努力する向上心の表れでもあるといえる。地域生活支援を利用する精神障害のある人々にとって，実践は生活の質（QOL）にもリハビリテーションの質にも大きく影響するため，質の高い地域生活支援モデルを利用するということは，生活の質（QOL）を向上させ，リハビリテーション効果も期待できるものにな

ると考えられる。地域の現場で高度な地域生活支援モデルが増えれば増えるほど，精神障害のある人々の生活がより充実したものになっていくのである。

　障害者自立支援法以前から，日本では共同作業所として日中活動の場が多く展開されていた。一方で日中活動を運営していくための指標を示している事業所は存在せず，実践の質を担保するための方法は，専門職個人の技量に頼らざるを得ないという現場の実状がある。もちろんそれぞれの現場ごとにおこなう事例検討会や職能団体・自治体による研修会等は，こうした個人の技量を高めていく方法の一つとして存在しており，学びの場を活用している専門職も多く存在する。クラブハウスモデルはこうした個人の技量を高めていく方法の一つとして，基準を設定し，基準を支援におけるガイドラインとして日々の実践に反映させるだけではなく，活動モデルとして運営の質を高めていくことも目標としている。また，専門職としての視点だけではなく，メンバーも専門職と同じように基準を運営のガイドラインとしていることから，専門職に対する実践の評価機能として，メンバーによる評価も重視している。こうした意味でも，クラブハウスモデルは実践としての特異性がある。日中活動の実践として，クラブハウスの運営をおこなわないとしても，これらの要素を反映させることは，ソーシャルワーカーの技量を高めることにつながり，結果として日本の地域生活支援の発展に寄与すると考えられる。

# 第5章

# クラブハウスモデルを軸とした地域生活支援の分析

　前章では，ファウンテンハウスの事例研究を通して，クラブハウスの運営に関わる要素を明らかにし，質の高い活動をおこなう上で求められる実践者の視点についての考察をおこなった。この結果を踏まえ，クラブハウスとしての実践の視点を共通の基盤として展開しているアメリカと日本のクラブハウスの現場を調査する。

　その背景には，クラブハウス国際基準という共通の基盤をガイドラインとして研修を受け，全世界で実践を展開しているクラブハウスモデルのソーシャルワーカーは，それぞれの国で本当に同じように支援を展開しているのであろうかという疑問がある。本章では日本とアメリカのクラブハウスを比較軸として用い，①クラブハウスモデルの運営の視点と②支援をおこなっているソーシャルワーカーに焦点をあてながら両国における地域生活支援に着目したい。

## 1　アメリカと日本のクラブハウスモデルの実践分析

　本調査の目的は，共通の理念と共通の運営要素を持つアメリカと日本のクラブハウスが，これらの理念や基準をどのように理解し，適用するのかを実践を通して分析することにより，両国における地域生活支援の視点を明らかにすることである。これについては，大橋（2005）が海外の理論を日本の文化に適した形で転用させていくことが求められていると指摘しており，筆者もまた，日本の社会福祉実践において欧米モデルを検討する時，現場では日本の社会文化的構造を考慮しながら，日本人に受け入れられる枠組みに変形させながら適応

させていると考えている。アメリカで生まれた理念や概念を現場が事例を積み上げながら試行錯誤を重ね，日本の社会や環境，文化に適応した形で吸収するということは，ごくあたりまえの過程である。日本における欧米モデルの適応は，当事者ニーズを考慮するなかでごく自然におこなわれ，時には無意識に現場が日本型の地域生活支援を形成しているのではないかと考えている。

### アメリカのクラブハウスの概要

　本調査で対象としたアメリカのクラブハウスは，ニューヨーク市に位置するファウンテンハウスとスカイライトセンターである。ファウンテンハウスについては，第１節でその起源と活動について述べたが，本節では活動の詳細についても含めて紹介する。この２つのクラブハウスは，それぞれの規模が異なることから，大規模と小規模の両面から実践を観察することとした（表5-1）。

　① ファウンテンハウス

　マンハッタンの中心部といわれるタイムズスクエアから徒歩５分に位置しており，地下の食堂と３階建のビルを２つ連結させたレンガ造りの建物を所有している。開設当初にあったファウンテン（噴水）は撤去されたものの，メンバーが自由に食事をしたり，コーヒーを飲んだりすることができる庭が１階と２階にあり，季節ごとに花が満開になる庭はメンバーが仕事として管理している。ファウンテンハウスの近隣には，ファウンテンハウスが所有する住居が数件立ち並び，その屋上には野菜を中心としたガーデニングがおこなわれている。その他にも，季節ごとに変化するメンバーの作品が展示されるファウンテンハウスギャラリーや研修を受けるメンバーとスタッフ，訪問者が滞在できるゲストハウスも隣接されている。さらに，マンハッタンから200キロほど離れたニュージャージー州の田舎には，ハイポイントファームという別荘があり，園芸ユニットが活動の一環としてアルパカや鶏の世話をしたり，農場の管理をしたりしている。

　② スカイライトセンター

　マンハッタンから船に乗って向かうスカイライトセンターは，スタテン島の

第**5**章　クラブハウスモデルを軸とした地域生活支援の分析

表5-1　アメリカのクラブハウスの概要

| | ファウンテンハウス | スカイライトセンター |
|---|---|---|
| 設立年 | 1948年 | 1988年 |
| 登録メンバー数 | 18,250 | 1,000 |
| 一日の平均メンバー数 | 350 | 40 |
| メンバーの男女比 | 5：5 | 3：7 |
| メンバーの平均年齢 | 50代前半 | 40代後半 |
| 家族との同居率 | 10％以下 | 10％以下 |
| ユニットスタッフの数 | 40 | 5 |
| 開所日 | 365 | 365 |
| デイプログラム | 月〜金 | 月〜金 |
| ナイトプログラム | 水・木 | 金 |
| ウィークエンドプログラム | 土（17-22）・日（12-17） | 土（10-19）・日（9-15） |
| 居住プログラム | 410住居 | 145住居 |

出所：現地調査の結果に基づき筆者作成。

フェリー発着所の坂を上がった丘に位置する小規模なクラブハウスである。3階建ての一軒家は1階にレセプションと事務ユニットがあり，2階にキッチンと食堂，3階には経営ユニットのスペースが確保されている。家庭的な雰囲気が漂うスカイライトセンターは，全てのスタッフとメンバーが顔の見える関係性のなかで活動をおこなっている。

### 日本のクラブハウスの概要

　日本で調査対象としたのは日本クラブハウス連合に加入している5つのクラブハウスであり，これらは，東京都にあるサン・マリーナ，クラブハウスはばたき，ストライドクラブ，奈良県にあるピアステーションゆう，岐阜県にあるクラブハウスゆうせんである。日本のクラブハウスは，アメリカと比較して小規模なものが多く，その規模はアメリカで小規模といわれるスカイライトセンターよりもはるかに小さい。日本の福祉の事業所は，海外と比較して小規模なものが多いという特徴があり，クラブハウスも例外ではなく，小規模な活動を展開している（表5-2）。

表5-2　日本のクラブハウスの概要

| | サン・マリーナ | クラブハウス<br>はばたき | ストライドクラブ | ピアステーション<br>ゆう | クラブハウス<br>ゆうせん |
|---|---|---|---|---|---|
| 設立年 | 1991 | 1996 | 1999 | 2003 | 2004 |
| 登録メンバー数 | 89 | 57 | 42 | 25 | 16 |
| 一日の平均<br>メンバー数 | 27 | 10 | 15 | 10 | 9 |
| メンバーの男女比 | 5：5 | 6：4 | 7：3 | 7：3 | 6：4 |
| メンバーの平均年齢 | 48 | 46 | 42 | 44 | 33 |
| ユニットスタッフの数 | 4 | 5 | 4 | 4 | 4 |
| デイプログラム | 月～金 | 月～金 | 月～金 | 月～金 | 月～金 |
| ナイト・ウィークエンド<br>プログラム | 年数回 | 月2回と随時 | なし | 月3回と随時 | 不定期 |
| 居住プログラム | なし | なし | なし | なし | なし |

出所：現地調査および「クラブハウスモデルの理解と普及に向けた基礎的研修会」補足資料集に基づき筆者作成。

## アメリカのクラブハウス実践の特徴

　本調査では，2010年3月から8月までの6か月間にニューヨークでおこなったクラブハウスの観察記録をもとに，実践におけるソーシャルワークの視点と支援の実際について以下の4点にまとめた。

### ①　個人の自由を尊重した支援

　アメリカのクラブハウスには，一般的には入口に受付がある。ここでメンバーは来所時にチェックインをおこない，活動に参加する意思を表明する。もちろん受付で対応する人々もメンバーである。それから先はそれぞれが自分の所属するユニットへ足を運び，ユニットでおこなわれる朝のミーティングに参加する人もいれば，ミーティング中にパソコンでメールをチェックする人もいる。ミーティングは全員が参加するのではなく，それぞれが自分の意思に応じてユニットでの時間を過ごす。ミーティングの途中でS氏が席を立ち，そのままユニットから立ち去る。スタッフもメンバーもS氏に行先を聞かない。10分後にS氏がミーティングに戻ってくる。S氏の右手にはアメリカサイズの大

きなコーヒー，左手にはドーナツを抱えている。スタッフが「Ｓさんドーナツ美味しそうだね」と声をかけると，「まだ朝ごはん食べてないんだ」と答える。そんなやり取りのなか，ごくあたりまえにミーティングも同時進行している。

　ミーティングが終わって，活動が始まる。朝のミーティングでメンバーとスタッフが自主的に決めた午前中の仕事に取り組み始める。自分が得意な仕事に取り組むＤ氏，新しい仕事に挑戦するＣ氏，スタッフと一緒にプログレスノートと呼ばれる１か月の記録をパソコンに打ち込むＫ氏，午前中にやりますと手を挙げた仕事ではなく，違う仕事に取り組んでいるＡ氏，仕事には参加したくないと椅子に座ってユニットを眺めているＭ氏，それぞれが誰にも縛られることなく，遠慮することもなくその場に居る。ミーティングに参加しないことも個人の自由であり，その日の仕事に参加しないことも個人の自由である。

　新しい仕事に取り組む意思を表明していたＣ氏が，スタッフに仕事の手順を聞いている。スタッフはＣ氏にパソコンのログインの仕方から特定の様式への記入方法まで，一つずつていねいに説明していく。自分一人で記入できるようになるまで，スタッフと一緒に作業をおこない，次第に一人で取り組むようになっていく。「おはようございま～す！」と陽気に入ってきたＥ氏がＣ氏の作業の様子を見ながら，「お，新しい仕事だね。僕にも教えてよ」と言ってＣ氏に近づく。スタッフではなく，Ｃ氏がＥ氏に仕事の内容を教えていく。11時30分になり，パソコンの前に座っていたＣ氏は，誰に声をかけるわけでもなく，自分の仕事を置いてユニットの扉を開けて食堂へ向かう。お昼休憩の11時30分から13時までの間はキッチンユニットが食堂として低額の昼食を提供しており，メンバーもスタッフも好きな時間に食事がとれる。どこで食事をしようと個人の自由である。午前中にユニットを眺めていたＭ氏は昼食後にそのまま上着を持って帰宅する。ユニットでの活動も行動も自分の意思で決定し，誰の許可を得る必要もなく，報告する義務もない。「また明日」という一言で去っていく。スタッフとメンバーが午後のミーティングのためにユニットに声をかける。庭で雑談している３人のグループは声が聞こえてもミーティングに参加する様子はない。ミーティングが始まってもユニットの中でサンドイッチ

を食べているメンバー，カップラーメンを食べているスタッフ，様々な風景が
みられる。

アメリカのメンバーは，ユニットという集合体に所属しながら，その集団を
意識することなく，各個人が決定してその日の活動をおこなう。それがごくあ
たりまえの形であり，スタッフもメンバーが個人で決めた自分の時間の過ごし
方を尊重している。そのなかで，メンバーが自分の生活のなかで必要だと感じ
る支援を自主的にスタッフや他のメンバーに問いかけることで支援が展開され
ていく。活動が自主的であれば，支援を求める過程もまた自主性が問われるの
である。

## ②　専門家として当事者の成長を見守る支援

クラブハウス国際基準によると，メンバーとスタッフは横並びの関係でクラ
ブハウスを運営する仕事に携わると明記されている（International Center for
Clubhouse Development 2010）。これは，メンバーとスタッフのパートナーシッ
プ宣言であり，スタッフがメンバーを指導・訓練する役割を担うのではなく，
お互いが協力関係のなかで仕事をおこなうという意味を持っている。この理念
に基づいて活動しているユニットでは，スタッフがメンバーに指示をすること
はなく，ユニットの運営は全て共同でおこなっている。しかしながら，この
パートナーシップはメンバーとスタッフの関係性における全ての平等を定義し
ているわけではなく，人としての平等を基礎とした協力関係を意味している。
すなわち，メンバーとスタッフは人として平等であり，お互いを尊重すべきで
あると同時に，スタッフはスタッフとしての立場があるという意味にもなる。
アメリカのクラブハウスに勤務するスタッフの多くは大学院の社会福祉学，心
理学・教育学・看護学等を修了しており，専門職としての高い知識と技術を学
んだ人材で構成されている。彼らは，自らの専門家としての見識に基づいて当
事者と関係を築いており，支援関係における専門知識の活用は意識的なもので
あると同時にプロフェッショナルとしての尊厳と誇りを持って業務に取り組ん
でいる。

その一例として，ユニットの活動中にスタッフのD氏は，「僕はこのユニッ

トのリーダーだからかもしれないけれど，メンバーからはどちらかというと敬遠したい存在だと思われているかもしれない……でも僕にとって，相手に人として慕われるかどうかは重要ではないんだ。プロフェッショナルとしてメンバーを尊重し，基準に基づいて実践をおこなうこと。メンバーのストレングスをのばし，メンバーをエンパワメントすること。プロフェッショナルとして信頼され，役割を果たすことが一番大切なんだ」と話してくれた。

　スタッフが支援のなかで大切にしていること，それはメンバーとスタッフという協力関係を主体とした活動を通して，ソーシャルワークの倫理綱領である，専門的援助関係を構築すること。そして，その専門的援助関係により，メンバーが力をつけていく過程に携わっていくことが求められているのである。

### ③　個人に焦点をあてた支援

　アメリカのクラブハウスに登録している人の9割以上が単身生活を送っている。これは，アメリカの社会通念として，18歳になったら同じ地域に住んでいても親元を離れるという考え方が浸透しているからである。2005年におこなわれたアメリカ国勢調査によると，25歳から34歳までの未婚者の親との同居率は，男女平均で14％となっている（U. S. Census Bureau 2005）。アメリカのクラブハウスの平均年齢が40代後半から50代前半と高いことから，クラブハウス登録者のほうがアメリカ全体の同居率よりも低いことが理解できる。また，一人暮らしを始めると生活費や学費など，全てを親に頼るのではなく，国や学校の奨学金制度を利用することが一般的とされている。2010年におこなわれたニューヨークタイムズの調査によると，アメリカの大学生のうち37％は親からの仕送りによって生活を送っているが，残りの63％は奨学金やローンなど，その他の援助を受けながら生活しているという。すなわち，18歳以上になると半数以上の親が，自分のことは自分で責任を持つという自己責任を求めるようになるのである（New York Times 2010）。

　個人が個人の責任において生活することが，ごくあたりまえであることから，必然的に個人に焦点をあてた支援が主流となる。したがって，クラブハウスのスタッフが家族と連絡を取ることはほとんどなく，まして両親が一緒に見学に

来たり，契約の手続きに来たりすることはない。多くの場合，家族がクラブハウスの存在を知る唯一の手段は，本人が家族に伝える事であり，家族を含めた支援はクラブハウスの活動の対象とはしていない。例外として，若いメンバーの家族で子どもの活動に関心が高い場合や，ラテン系やアジア系の他の文化を背景に持つメンバーなど，家族がクラブハウスへの連絡を希望する場合は現場も希望に応じて対応をしている。その場合，家族のニーズは傾聴するが，それ以上の関わりを持たないという姿勢を崩さない。それは，クラブハウスは当事者の地域生活支援をおこなう場であり，家族支援をおこなう場ではないからである。本人が何を望み，本人の希望を実現させるためには何が必要とされるのか，主役はいつも個人である当事者なのである。

④　組織内連携による支援

アメリカのクラブハウスが他の組織との連携を重視しない理由の一つは，その運営内容である。クラブハウスの基準のなかに定められているクラブハウスの支援は，デイプログラム・ナイトプログラム・ウィークエンドプログラム・ホリデイプログラム・教育・就労・居住・アウトリーチなど，クラブハウスのなかでの365日の支援体制が求められており，クラブハウスが所有している住居などでは24時間体制のケアを提供している場合もある。

これは伝統的にクラブハウスがセルフヘルプ・グループから始まっており，単身生活をおこなう当事者が必要だと感じるプログラムを反映させていった経過があり，結果的に包括的な総合プログラムになっていったことによる。手ごろな料金で食事をすることができるように考慮されたキッチンユニット，感謝祭やクリスマスなどの家族で過ごす特別な日にも一人で寂しく過ごすことがないように特別な夕食を提供するホリデイプログラム，週末や夜間の食事や余暇活動を充実させるための土曜・日曜のウィークエンドプログラムを取り入れたりしている。また，地域ケアが発展していった時期に住居がなく，ホームレスにならざるを得なかった精神障害のある人々に対するケアとして，クラブハウスモデルが住居の重要性を強調し，プログラムの一つとして居住プログラムに力をいれていることから，アメリカのクラブハウスは居住支援にも力を入れて

第**5**章　クラブハウスモデルを軸とした地域生活支援の分析

いる。それは，スカイライトセンターのような一日の平均が 40 名程度の小規模なクラブハウスでも，居住プログラムとして 145 の住宅を準備していることからもわかる。さらに，メンバーの仕事がしたいという声を少しでも多く実現させるために考案された，過渡的雇用をはじめとする就労支援プログラムは，クラブハウスモデルの中核を担うプログラムでもあり，ファウンテンハウスは 80 か所を超える過渡的雇用先を確保している。

　精神障害のある人々が地域で生活するために必要な支援を一つ，また一つと歴史を重ねるごとに増やしていったクラブハウスモデルのなかで，唯一付け加えられていない支援がある。それは医療である。精神疾患という疾病によって判断されることなく，そして烙印を押されることのない安心できる環境を提供すること。それがクラブハウスモデルを作り上げてきた当事者の願いであり，今でもその姿勢を崩すことなくあり続けている。このことから，ほとんどのクラブハウス内で医療的なケアは提供しないことになっている。したがって外部機関として最も連携を要すのは医療機関であり，それ以外は組織の中でおこなう組織連携が中心となり，連携する各分野の支援を充実させていくことが重要な課題となっている。


### 日本のクラブハウス実践の特徴

　日本のクラブハウス調査では，2008 年から 2018 年の間に幾度も訪問した 5 つのクラブハウスにおける日中活動の観察から，以下の 4 つの視点を示した。

### ①　集団の力や集団が持つ性質を取り入れた支援

　朝のミーティングを待つメンバーとスタッフが，大きなテーブルを囲む。「S さん，まだ来ないね」「D さん，どうしたかな」とその場にいる人たちがいつもの時間になっても来ないメンバーのことを気にかける。ミーティングには参加しなければならないというルールはなくても，自然に全員が大きなテーブルを囲み，「ミーティング始めますよ〜」という一言によって，人が集まってくる。途中で到着した D さんは，「遅れてすみません」と言いながら席につく。メンバーが司会をおこないミーティングが進行され，スタッフや実習生，

見学者を含めた参加者全員が昨日の出来事と今日の気分を報告する。続いて午前中の業務をメンバーとスタッフで分担するための役割を決める。昼食の買い物や昼食づくり，電話対応をおこなう受付係やパソコン入力をおこなう事務担当，スタッフとメンバーの両者が自主的にその日に取り組みたい業務に手を挙げる。「仕事が決まっていない人いませんか」と司会者が全ての人が仕事に参加しているか配慮する。参加者全員が互いに気遣いながら，ミーティングが進行され，私語をしたり，席を立ったり，ほかのことをしたりする人はいない。

　司会者が，地域の大学で精神障害のある人々の理解を深める講義に関するゲストスピーカーの依頼について報告する。「誰か興味のある人いませんか」暫く沈黙が続いてから，「そういえばB君発表上手くなったよね」とDさん，「B君この間の発表よかったよ」とYさん，メンバーがメンバーを褒める。「いや～まだまだですよ」B君が謙遜して答える。「俺一緒に行ってやるよ」NさんがB君に向かって話す。「じゃ，僕も行きます」とB君の発表が決まる。スタッフ対メンバーのやり取りではなく，集団のなかにおけるメンバーとメンバーのやり取りのなかで，B君の潜在能力が引き出されていく。

　ミーティングが終わった頃に電話が鳴る，「Sさん，風邪でお休みだそうです」。受付担当のメンバーがみんなに伝える。「そういえば昨日の帰りに咳をしてたもんね」「大丈夫かな」メンバーもスタッフもSさんを気遣う。それぞれが午前の仕事に入り，同じユニットの人同士は声を掛け合いながら，協力して作業をおこなう。お昼の時間になり，「お昼準備できました」の一言で人が集まってくる。同時に「いただきます」を言うわけではないが，ある程度の人数が揃わないと準備ができているからといって，一人で昼食を食べ始める人はいない。昼食をクラブハウスで食べるという規則はなく，お弁当を持ってきても，外へ食べに行ってもよいが，ほとんどの人がクラブハウスでの昼食を選択する。

　昼食の時間が終わり，「ミーティングですよ」という声掛けでまた人が集まってくる。各自が取り組む午後の予定をお昼のミーティングで決定する。全てのミーティングに参加しなければいけないという規則があるわけではないが，ミーティングが始まると自然に人が集まり，参加しないメンバーがいると，メ

ンバーが「ミーティングだよ」といって声をかける。「今日は午後から受診があるので，お先に失礼します」といって帰宅するＤさん。早退を報告する義務があるわけではないが，突然居なくなって心配する他のメンバーやスタッフを配慮する。集団の中の個人のあり方をメンバー自身が理解しているのである。

　日本のメンバーは，クラブハウスという集合体に所属していることを常に意識しながら，集団における自分のあり方を心得ている。こうした集団における調和に違和感を覚えるのではなく，ごくあたりまえの事としておこなっているのである。スタッフも個人に対する一対一の関わりだけでなく，メンバー同士が集団を通して得る力を大切に尊重している。そして，集団を介した関わりでは，メンバーやスタッフの変化が顕著に表れる。集団から聞こえてくる「いつもと違うね」の一言は集団が成熟していないと聞こえてこない言葉である。自主性が問われるクラブハウスモデルのなかで，集団を意識した支援は全体を広く見渡しながら，きめ細かい支援の提供を可能にしている。

### ②　当事者と共に歩み，共に成長する支援

　クラブハウスの全ての活動はメンバーとスタッフが協働でおこなうことから，両者が力を合わせて成長していく場面を目にすることが多い。具体的な例として，2011年7月9日から14日にスウェーデンのストックホルムでおこなわれた第16回世界クラブハウスセミナーへの参加である。この会議では，日本から2か所のクラブハウスが発表した。これは，メンバーとスタッフの両者が発表原稿を準備し，観衆の前で英語の発表をするというものであった。数か月前からクラブハウスのなかで，誰が会議に参加するのか，どのような内容で発表するのか，メンバーとスタッフが議論を重ねた。

　1か所のクラブハウスでは，国際セミナーに参加したことのあるスタッフもしくはメンバーと初めて参加するスタッフもしくはメンバーを組み合わせることにより，セミナーを経験している人と新たな試みに挑む人との相互支援を活用している。また，セミナーの準備もスタッフがメンバーのための原稿をつくり，メンバーが受け身で発表に取り組むのではなく，両者がお互いに自分の発表の責任を持ち，メンバーとスタッフが協力しながら発表原稿の作成に取り組

んでいた。原稿が完成した後も，お互いに内容を確認し合いながら共に発表に向けて練習を重ねた。片方が気弱になると，もう片方が励まし，片方が緊張すると，片方が大丈夫だと声を掛け合っていた。こうして発表をおこなったメンバーとスタッフは二人三脚でセミナーに挑み，その過程を通じて共に自信をつけて帰国した。

　メンバーは，海外へ行くこと，人前で発表すること，英語の発表をすることの全てにおいて，今まで経験したことのない新しい自分との出会いと成長を体験し，スタッフは，新しい自分を発見していくメンバーの成長に後押しされながら，自分もメンバーの頑張りに負けてはいられないと，成長していく過程を体験する。こうしてクラブハウスの中で相互が高め合う支援が展開されていく。

　相互支援は，海外という環境だけではなく，日常の活動の場面や就労を通して，そして精神障害を持ちながら生活するという，メンバーの生き方そのものからも語ることができる。長期の入院から地域での生活に戻り，自分の生活を何から立てなおせばよいのかを判断しかねる混乱の中，他のメンバーやスタッフとの関わりのなかで生きる力を取り戻していく。それが日常の活動でみられるユニットでの仕事であったり，過渡的雇用先での仕事への姿勢であったりする。一人ひとりそれぞれのペースで様々な形で成長していくメンバーの後ろ姿を見ると，スタッフのみならず他のメンバーも少なからず影響を受ける。メンバーはメンバーから学び，スタッフもメンバーから学ぶ。メンバーがスタッフを必要とする時はメンバーがスタッフから学ぶ。クラブハウス全体が学びの場として存在し，お互いが学び合いながら成長を続ける関係性が継続されている。

### ③　家族の関わりを含めた支援

　日本のクラブハウスに登録している人々は，同じ法人が複数の事業所を運営し，グループホームを持っている1か所のクラブハウスを除いて，9割近くのメンバーが家族と同居している。第13回出生動向基本調査（国立社会保障・人口問題研究所 2005）によると，日本の24歳から34歳までの未婚者の親との同居率は男女平均で76％といわれている。距離的に同居が難しくない限り，独身の間は親との同居があたりまえであり，自分で責任を持って自分の生活を支

えるという自己責任感が乏しい。こうした社会通念からも，生計や生活を共に
する家族との関わりが地域生活支援に含まれていくことは，ごく自然な現象で
あると考えられ，家族を置き去りにして支援を展開することは，メンバーの生
活の一部を見て見ぬふりをすることになる。

　クラブハウスのなかでも，メンバーとその家族に対する支援は様々な展開を
みせており，家族との同居率が高いクラブハウスでは，年に数回の家族会を開
催することにより，クラブハウスに対する家族の理解を高め，顔の見える関係
を構築している。また，日々の支援のなかで，メンバーの体調の変化で気にな
ることを連絡したり，就労支援の開始時など，生活の変化を迎える時期に家族
と連携を取ることは，家族との協力体制を土台として本人を支援するうえで，
重要な要素の一つとして考えられている。したがって，「今日の様子はどうで
したか？」「まだ帰宅してないけれど，そちらにいますか？」といった両親か
らの問い合わせは，当然の事として扱われている。

　また，高齢の家族がいるメンバーや一人暮らしを始めるメンバーの支援をク
ラブハウスがおこなうこともある。制度に関する情報提供から，家族を支える
メンバーの支援まで，必要とされるあらゆる範囲の事柄を対象とすることによ
り，支援の幅をひろげているのである。メンバーの生活支援がメンバーだけに
限定されるのではなく，メンバーの生活に影響を与える要素はその全てが対象
だと考えられているといえよう。

### ④　地域連携による支援

　日本のクラブハウスでの支援は地域との連携が欠かせない。それは，アメリ
カや諸外国のクラブハウスとは異なり，その規模が小さいことが理由の一つで
ある。そのなかでも，同じ法人内にクラブハウス以外の他の事業所を持つ法人
は，法人内の連携を主体としながら，他の法人による事業所や保健所・市区町
村ともつながっている。同一法人内に複数の事業所を持たないクラブハウスで
は，他の法人が運営する事業所との連携を主体として，保健所・市区町村とも
深い関わりを持つ。これは，わが国の地域支援の特色であり，たとえ同一法人
内に複数の事業所があっても，法人内の事業所だけで地域支援が完結すること

はなく，行政や地域との連携を重視しているといえる。

　その一例としてJHC板橋会を母体組織とするクラブハウス，サン・マリーナを挙げると，JHC板橋会にはクラブハウスが1か所，作業所が5か所，地域生活支援センターが1か所，就労支援センターが1か所，グループホームが1か所，ピアサポートセンターが1か所ある。サン・マリーナのメンバーは，それぞれが自分のニーズに合わせて複数の事業所に登録することが可能であり，サン・マリーナのスタッフもメンバーのニーズに合わせて選択された事業所と連携する。この連携体制は，同一法人の事業所同士のほうが，より円滑におこなえると考えられるが，他法人だとしてもその考え方は同じであり，クラブハウスに所属しながら，別法人が運営する近隣の地域生活支援センターに通所する人もいれば，市区町村が運営する就労支援センターを利用する人もいる。

　クラブハウス内で提供することのできる支援の限界を見極め，その範囲内でおこなうことが困難な支援はクラブハウス内で創りあげようとするのではなく，不足する部分は連携という形で補っている。複数の支援機関をつなげることで，より多くのソーシャルサポートネットワークが広がり，その広がりが大きければ大きいほどメンバーに利益をもたらすと考えられているのである。

### アメリカと日本の実践からみた日中活動支援の視点

　双方の実践を分析してみると，アメリカと日本のクラブハウスは，同様の国際基準と活動を実施しているにもかかわらず，異なる地域生活支援の視点に基づいて実践されていることがわかる。これらを比較すると，第1の視点として，アメリカでは，ユニット活動でのメンバーとスタッフの関わりからみられる個人の自由を尊重した支援が特徴として挙げられ，それはメンバーに対する「個の自立」であると考えられる。一方で，日本では，クラブハウス全体の調和からメンバーの成長を促す，集団の性質を利用した支援が特徴として挙げられ，それはメンバーとメンバーによる「集団の力」であると考えられる。

　第2の視点として，アメリカのスタッフは，いかに専門的な視点や技術を取り入れながら当事者の力を引き出すかという支援を中心に考えており，「専門

性を重視」した実践を展開している。一方で，日本のスタッフは，メンバーと
スタッフが共に歩み，様々な経験を乗り越えながら共に成長する支援を中心と
しており，「相互支援を重視」した実践を展開している。

　第3の視点として，アメリカの社会通念では成人すると自分の人生は自分で
責任を持つとされており，支援の主役は当事者であるメンバーであることから，
「個人への支援」が主流となっている。一方で，日本の社会通念では成人して
も家族は家族であり，共に生活することは共に影響し合いながら生活すること
であると考えられていることから，「個人と家族への支援」が主流となってい
る。

　第4の視点として，アメリカのクラブハウスは精神障害のある人々の生活を
支える多様な支援を組織内で充実させる，組織の中での連携を強化させていく
「組織内連携」に力をいれている。一方で，日本のクラブハウスでは，地域に
点在する多様な資源を点と点で線としてつないでいくことがメンバーの利益に
つながり，支援に不可欠な要素として「地域連携」に力をいれている。このこ
とは，アメリカと日本のクラブハウスの規模のみに着目しても組織力の違いが
明白であり，小規模な活動をおこなっている日本ならではの特徴であることが
わかる。

## 2　クラブハウスモデルを題材としたインタビュー調査

　アメリカと日本の実践調査から，同じクラブハウス国際基準に基づいた活動
を展開し，同じクラブハウスインターナショナル（CI）による研修をうけてい
るにもかかわらず，それぞれの国における支援の視点には違いがあることが示
された。この結果から見えてきたことは，地域生活支援モデルとして共通の枠
組みの中で実践を展開していたとしても，社会・環境・文化が異なることによ
り，支援の視点にも変化が生じてくるということである。

　この結果を踏まえて，日本とアメリカのクラブハウスに勤務するソーシャル
ワーカーが同じ視点で実践を展開しているかどうかについて，さらに深めてい

表5-3　ファウンテンハウスのソーシャルワーカー

| No | 性別 | 学　歴 | 現場経験年数（年） | クラブハウス<br>勤務年数（年） |
|---|---|---|---|---|
| 1 | 女性 | 社会福祉修士 | 2 | 1 |
| 2 | 女性 | 社会福祉修士 | 8 | 1.5 |
| 3 | 女性 | 社会福祉修士 | 15 | 11 |
| 4 | 女性 | 社会福祉修士 | 16.5 | 16.5 |
| 5 | 女性 | 社会福祉修士 | 20 | 18 |
| 6 | 男性 | 社会福祉修士 | 9 | 2.5 |

出所：筆者作成。

くために，インタビュー調査を実施した。

### 調査の方法

　調査データは半構造化インタビューを用いて収集し，実施期間は2010年6月から2011年10月までとした。本調査が2つの異なる言語を使用することから，調査協力同意書，およびインタビューガイドは英語と日本語の両方を作成し，その意味が異なることのないよう何度も修正を加えた。

　インタビューを始める前に，調査協力同意書を用いながら，研究の目的に関する説明・プライバシー保護の説明・調査からの除外に関する説明をおこない，最後にインタビューの録音に関する許可を得た。調査協力同意書は2枚作成し，1枚は調査者が保管し，1枚は調査協力者が保管することとした。インタビューの内容は，①調査協力者の背景と特徴，②ソーシャルワークと社会環境，③ソーシャルワーク実践，④ソーシャルサポートネットワーク，⑤心理社会的リハビリテーションプログラムの項目に分類しておこなった。

　また，倫理的配慮の視点から，本調査はファウンテンハウスの倫理審査委員会から承認を受けた。インタビュー調査によって得られたデータは，氏名ではなく番号で保存し，分析の時点で誰のデータを分析の対象としているのかわからないようにしておこなった。また，全てのデータは鍵のかかるファイルキャビネットに保管することで，データの安全性を図った。

第**5**章　クラブハウスモデルを軸とした地域生活支援の分析

表5-4　日本のクラブハウスのソーシャルワーカー

| No | 性別 | 資　格 | 現場経験年数（年） | クラブハウス勤務年数（年） |
|---|---|---|---|---|
| 1 | 男性 | 精神保健福祉士 | 1.5 | 1.5 |
| 2 | 男性 | 精神保健福祉士 | 6 | 1.5 |
| 3 | 男性 | 精神保健福祉士 | 7.5 | 7.5 |
| 4 | 女性 | 精神保健福祉士 | 9.5 | 9.5 |
| 5 | 男性 | 精神保健福祉士 | 10 | 3 |
| 6 | 女性 | 精神保健福祉士 | 14 | 10 |
| 7 | 男性 | 精神保健福祉士 | 12 | 6 |
| 8 | 女性 | 精神保健福祉士 | 27 | 19 |
| 9 | 男性 | 精神保健福祉士 | 20 | 19 |

出所：筆者作成。

### 調査対象者の特徴

　アメリカの調査対象者のうち，1名から調査終了後に分析対象から除外してほしいと要望があったため，合計6名のデータを分析対象とした。調査対象者の特徴として，自認している性別を聞いたところ，女性6名・男性1名，現場経験年数は最も短い人で2年，最も長い人で20年，平均11.75年，クラブハウス勤務年数は最も短い人で1年，最も長い人で18年，平均8.4年であり，全ての対象者が社会福祉修士取得者であった（表5-3）。

　日本の調査対象者は合計10名であったが，そのうちの1名については，インタビューの時点で精神保健福祉士ではなく看護師だということがわかったため，データ分析から除外した。日本の調査対象者の特徴は，自認している性別で女性3名・男性6名，現場経験年数は最も短い人で1.5年，最も長い人で27年，平均12年，クラブハウス経験年数は最も短い人で1.5年，最も長い人で19年，平均8.6年であり，対象とした全てのソーシャルワーカーは精神保健福祉士であった。

　アメリカと日本の調査対象者を比較すると，年齢，現場経験年数，クラブハウス経験年数においてほぼ同等であり，性別のみアメリカでは女性の数が圧倒的に多く，日本では男性のほうが多かった（表5-4）。

調査結果

　両国におけるインタビュー調査の結果をまとめると，クラブハウスモデルにおけるソーシャルワーカーの介入は，アメリカと日本は異なる支援の視点で展開されていることがわかった。また，それらの視点を重視することで，効果の高い支援につながる可能性が高いということも明らかになった。


### ソーシャルワーカーによって重視される視点

　ソーシャルワーカーの介入がおこなわれる際，メンバーとスタッフの間で最も影響を及ぼすのがスタッフのソーシャルワークに対する視点である。アメリカと日本のクラブハウスモデルで相違点がみられたのが，このソーシャルワークに対する視点であり，これらの相違点は ｜文化的要素｜・｜支援の視点｜・｜支援の対象｜・｜支援のシステム｜ の４つのラベルで分類することができる。それぞれにおけるアメリカと日本の視点を示す。

### ①　文化的要素の例

　ソーシャルワークの視点で個の尊重と集団の調和を示す促進因子を ｜文化的要素｜ と分類した（表5-5）。アメリカのデータでみられた「個人のためのユニット活動」，「個人のニーズ」，「自主的な権利主張」，「個人の自由」，「グループよりも個人」，「個人のリハビリ」，「個人の利益」という視点からファウンテンハウスのソーシャルワーカーが実践のなかで個人を重視していることがわかる。これは，ユニット活動やグループミーティングなど，グループ活動をおこなっていても重視される視点であり，グループは個人が活用するための場という考え方が中心である。

　一方，日本のソーシャルワーカーは，「グループが一番大切」，「グループワーク中心」，「グループの関わりによる結果」，「グループの力」，「集団としての動き」，「グループのつながり」を重視した実践をおこなっていることから，支援する側がグループや集団の重要性を実践のなかで感じているといえる。それは，グループが持つ力を利用しながら個人に与える影響を考慮する，セルフヘルプ的な役割をグループに求めているともいえる。

第**5**章　クラブハウスモデルを軸とした地域生活支援の分析

表5-5　〔文化的要素〕のデータ

| | アメリカ「個の尊重」 | 日本「集団の調和」 |
|---|---|---|
| データ1 | ユニットの活動は個人がリハビリテーションをおこなう貴重な場だから，その場でどんなニーズがあるのかを把握することが必要になってくる。だから，いつも個人のニーズを意識している | やっぱりグループワークが一番大切。ミーティングをどう使っていこうかを常に考えているし。グループワークの結果から個別の支援につなげたりするから，ここではミーティングを通じてのグループワークが中心となっていると思う |
| データ2 | メンバーはいつもニーズを抱えているから，積極的なメンバーはスタッフに対しても自主的に自分の希望を訴えてくる。これが必要とか，これを手伝ってとか。でも，自分の権利を主張するのが苦手なメンバーは置き去りにされてしまうこともある | 特にグループが大切だと思う。メンバー同士の影響によってみんなが変化していくのがわかる。のんびり変わっていったり，スピード感があったり。グループの関わりによって必ず結果が生まれてきます |
| データ3 | ファウンテンハウスには沢山のグループがある。グループはいつでも自由に出入りできるから，メンバーは自分の利益につながるグループに参加すればいい。グループは個人を束縛しないし，いつも個人の自由 | グループはいつも変化している。お互いの関わりを通して進化したり，止まったり。いい形にもよくない形にも。でも，ほとんどの場合がいい形になるからグループの力を信じている |
| データ4 | グループよりもまず個人，個人にいかに自主的に参加してもらえるかを考えながらメンバーと関わる。だから自分の関わりによってメンバーが変わっていくと嬉しい | ユニットのなかでユニットリーダーに仕事を教えてもらったり，集団としての動きをしてもらったり。一人だけが全く違う方向を向いていることはないんじゃないかな |
| データ5 | クラブハウスは個人がリハビリをするための場だから，個人の利益につながらなければならない | クラブハウスが他と違うのはグループのつながりだと思う |

出所：筆者作成。

## ②　支援の視点の例

　ソーシャルワークの専門性を重視する視点と相互支援を重視する視点を〔支援の視点〕と分類した（表5-6）。アメリカのソーシャルワーカーは，「ソーシャルワーカーの倫理」，「専門家としての仕事」，「モーティベーションインタビュー」，「認知行動療法」，「Eclectic アプローチ（折衷的なアプローチ）」，「ソーシャルワークの技法」など，社会福祉教育を通して学んだソーシャルワークの専門性を指摘している。また，「スタッフとして友好的な関係」，「メ

表5-6 {支援の視点}のデータ

| | アメリカ「専門性の重視」 | 日本「相互支援の重視」 |
|---|---|---|
| データ1 | 私はメンバーにとって友達である必要はない。ただ、スタッフとして友好的な関係を築くことが、ソーシャルワーカーの倫理でもあるように、実践で求められていることだから、それが必要だと思う | クラブハウスのメンバーとスタッフの関わりって経験しないとわからない部分があると思うんです。専門家の役割が求められてない部分とか。メンバーとどうやって一緒に運営していくかとか |
| データ2 | メンバーから好かれるとか嫌われるとかは関係ない。大切なのは専門家としてすべきことをする。それが自分の仕事だと思っています | クラブハウスのなかで人として関わることですかね。メンバーと一緒に何かを考えて、一緒に作っていける事にやりがいを感じます |
| データ3 | 専門職として、ソーシャルワークの倫理綱領を大切に思っています。それが基本ですから | メンバーから話を聞くことで勉強させてもらうこともあります |
| データ4 | モーティベーションを高めるインタビューを使ってみたり、認知行動療法とかをつかったり。色々なアプローチを試している | 一つの物事をメンバーさんと共有して、一緒にやり終えて、一緒に大変だったねって言い合えたこととか。メンバーだから、スタッフだから大変だねじゃなくて、人としてお互いに言い合えたこと |
| データ5 | Eclectic アプローチ（折衷的なアプローチ）でソーシャルワークの色々な技法を取り入れながら、どうすれば効率よく効果を出せるかを考えてみたり | 彼が頑張っているおかげでこっちも引っ張られた。メンバーに教えられる部分が沢山あります |

出所：筆者作成。

ンバーから好かれるとか嫌われるとか関係ない」とあるように、専門家として求められていることが自分にとって何なのか、それは円滑な支援をおこなうための関係性であり、メンバーの希望に近づく生活の支援を精一杯おこなうことが地域生活支援として最も大切な視点であるという考え方を強調している。メンバーとの関係性はあくまでプロフェッショナルでなくてはならないことがいえる。日本のソーシャルワーカーは、「メンバーとスタッフの関係の特殊性」、「専門家の役割がもとめられていない」、「人として関わる」、「メンバーから学ぶ」、「メンバーと共有する」、「人として共感する」、「メンバーに引っ張られる」など、社会福祉の専門職という立場と同時に、人としての立場も重視され

第5章 クラブハウスモデルを軸とした地域生活支援の分析

る傾向がみられ，メンバーから学ぶ姿勢，メンバーと共に成長する姿勢が示された。これは，日本のクラブハウスのスタッフがメンバーを障害のある人ではなく，一人の人間として尊重する姿勢のあらわれであるといえよう。この人間関係が日本のソーシャルワークにおける相互支援を生み出していると考えられる。

③　支援の対象の例

　個人のみを対象としたソーシャルワークと家族を含めた当事者に対するソーシャルワークを「支援の対象」と分類した（表5-7）。アメリカのデータでみられた「クラブハウスはメンバーへの支援をおこなう場所，家族支援をおこなう場所ではない」，「本人の支援をおこなう」，「本人と家族を切り離す」，「メンバーは一人暮らし」，「メンバーは成人」，「家族が連絡を求めない」などの結果は，アメリカの支援が当事者に向けておこなわれていることを強調している。

　たとえ家族と同居していても，支援の対象はあくまで個人である当事者であり，ファウンテンハウスでおこなわれる支援は，本人の自己決定を支えるものであり，家族との関係調整をしたり，家族のなかの個人としてみるわけではないという特徴がみられた。

　しかし，日本の地域生活支援では，「家族が支援の対象になったりする」，「本人が家族に関わるから家族も対象とする」，「家族との連携がある」，「家族との関係をもっと深めてもいい」，「家族に説明する」，「クラブハウスの家族懇談会がある」，「同居率100％」などの声がきかれ，支援の対象を本人だけに限定していない。特に同居率100％という状況からもわかるとおり，本人の生活において家族の関わりは切り離せないものであり，家族もクラブハウスとの連携を望んでおり，本人に対する家族の関心度も高い。すなわち，日本では，本人を中核した支援を展開しつつも，その周りに存在している家族も尊重し，当事者と家族は互いに影響を受けながら生活していると理解したうえで，ソーシャルワークを展開する過程でも，家族との関わりを重視している。支援を展開するなかで，家族を切り離して考えることは極めて困難だと考えられており，積極的に家族との関わりを促しているともいえる。

表 5-7 {支援の対象} のデータ

| | アメリカ「個人中心」 | 日本「個人と家族」 |
|---|---|---|
| データ 1 | クラブハウスの支援は当事者への支援だから，家族への支援はおこなわないと決まっています。同居している家族に支援が必要な場合は，違うサービスを探さないといけないのです | お母さんに障害があるケースなんかだと，家族が支援の対象になったりします。もちろん本人がメインだけど，本人が介護しないといけなくて，そこにクラブハウスが関わって |
| データ 2 | 私は S さんの担当だから，S さんが望んでいる生活を支援するのだけど，S さんのお母さんは，息子にアパートを探してほしいって。結構しつこくて。これは家族の問題だから，家族カウンセリングを受けるように勧めたの | 家族が心配する家庭だと，帰る時間が遅くなったりする時に連絡したり，本人を気にしてこっちに連絡がきたり。家族から今日はどうだった？ とか連絡がくることもあるし。家族との関係はもっと深くなってもいいんじゃないかなって思う |
| データ 3 | 未成年だと同居していることがあるから，本人の意思を家族が妨げることがあって。どうやって本人と家族を切り離すか苦労したことが前に一度あります | TE とか始める時にこっちから連絡入れて，仕事の事とか家族に説明したりすることがあります。熱心な家族とそうでない家族の温度差はあるけど，クラブハウスの食事会とかに誘えば結構出席する家族も居るし |
| データ 4 | メンバーはほとんどが一人暮らしだから，ここで働きは始めてから，一度もメンバーの家族と話したことがない | 親と二人暮らしのメンバーとか，親の介護が必要になったりすると，こっちも何か助けになることがないか役所に連絡して調べたりしたこともあったかな |
| データ 5 | メンバーはほとんどが成人しているから，家族の了解を取る必要はないし，未成年だとしても，クラブハウスは本人が支援の対象だから | クラブハウスで家族懇談会を年 2 回やっています。そのなかで活動の説明をしたり，制度の説明をしたり，家族同士で話し合いをしてもらったり。あとは個別に話を聞いたり |
| データ 6 | 家族もこっちから連絡すると迷惑みたいだし，だからこっちもしないようにしています | メンバーの同居率？ うちは100％です。そうなんですメンバー全員が親と同居しているんですよ |

出所：筆者作成。

第5章　クラブハウスモデルを軸とした地域生活支援の分析

**表5-8　｛支援のシステム｝のデータ**

| | アメリカ「組織内連携」 | 日本「地域連携」 |
|---|---|---|
| データ1 | ファウンテンハウス関連以外の事業所に連絡したことは今まで一度もないような気がする。ファウンテンハウスをよく理解してくれているドクターに病気のことで問い合わせたりしたことはあるけど | 保健所からの紹介が多いから，保健所と調整したり，支援センターからの紹介であれば，一緒に支援計画を立てたりすることもあるし。あと，ケア会議とかで連携する |
| データ2 | 入院しているメンバーの顔を見にいくから病院のスタッフに挨拶はするけど，それ以上の関係はない | 利用を始める時に他の事業所と連携したり，ケースカンファレンスがあったり，地域の保健師さんや市役所の人に連絡したり，あとは通院同行したり |
| データ3 | たまに入院先の主治医とか病院のケースワーカーから連絡がくるときがある。ほとんどないけどね | メンバーの体調のことで，クリニックの先生に連絡したり，ケースワーカーに聞いてみたりすることが多いか |
| データ4 | ACTとかドロップインセンターを使っている人はいるけど，ソーシャルワーカーに連絡することはない | 関係機関と連絡を取り合って横のつながりをもっと結んでいかないといけない |
| データ5 | 連携するのはクラブハウス内と就労先のスーパーバイザーかな。就労支援でインタビューの時から関わるし，就労支援では連携が必要だから | 法人内の他の施設があるから，グループホームに住んでいる人はグループホームのスタッフ，就労に関わっている人は就労のスタッフ，連携は色々ある |

出所：筆者作成。

### ④　支援のシステムの例

　組織内連携によるソーシャルワークと地域連携によるソーシャルワークを｛支援のシステム｝として分類した（表5-8）。アメリカのデータでみられた「他の事業所とは連絡したことがない」，「ドクターとは連絡する」，「関わりは挨拶程度」，「医療機関からの連絡がある」，「他のプログラムと連携はない」，「クラブハウス内と就労先とは連携する」などによると，主治医や入院先のソーシャルワーカーなど医療機関との連携は少しみられるが，ファウンテンハウスは他のプログラムとの関わりが乏しいことが指摘できる。それは，ファウンテンハウスのプログラムが生活支援，就労支援，相談支援，居住支援，食事支援，休日支援など，一つの事業所で包括的にプログラムを運営しており，他

151

の事業所に支援の一部を依頼しなくても支援が完結するしくみに表れている。

したがって，連携の連絡先は同じ組織内の他のプログラムを提供しているスタッフであることが多く，その結果として，組織内連携が求められる。しかし，日本のクラブハウスでは異なるアプローチがおこなわれている。日本のデータからは，「保健所や支援センターと連携」，「ケア会議に参加」，「ケースカンファレンスがある」，「通院に同行する」，「クリニックに問い合わせる」，「横のつながりが重要」，「法人内の施設との連携」など，組織内連携だけではなく，地域連携も強調されている。この結果は，日本の地域生活支援の多くは，小規模な事業所によっておこなわれているため，アメリカのように一つの事業所で全ての支援をおこなうことが困難である点に加え，日本の地域生活支援システムとして，多様な支援が地域を単位として点在している点が指摘できる。さらに，当事者が自分の住んでいる地域の中で，より多くのソーシャルサポートネットワークを構築し，人や資源とつながりながら生活していくことが望ましいと考えられている点からも，その違いをみることができる。

### ソーシャルワーカーによって重視されにくい視点

これまでは，どのようなソーシャルワークの視点が実践で強調されているのかという点について，アメリカと日本の枠組みから考察した。ここでは片方のインタビューでは語られたが，片方のインタビューでは語られなかった視点を取り上げ，精神障害のある人々の支援の視点として重視されにくい点についてそれぞれの国から考察する。その結果，アメリカのソーシャルワーカーの介入で語られなかった視点は，集団の重要性，相互支援の視点，家族に対する支援，地域連携の視点である。一方で，日本のソーシャルワーカーの介入で語られなかった視点は，個人の重要性，専門性の視点，個人に対する支援，である。

ここで指摘しておきたいのは，アメリカの地域生活支援において，個人の尊重，専門性の重視，個人中心の支援，組織内連携の逆の意味として，集団を尊重しない，相互支援を重視しない，家族を尊重しない，地域連携を重視しないという視点を取り上げているわけではないということである。これらの要素を

第5章　クラブハウスモデルを軸とした地域生活支援の分析

図5-1　アメリカと日本におけるソーシャルワーカーの介入

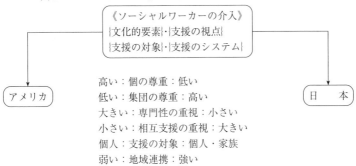

出所：調査の結果から筆者作成。

否定するデータは存在していない。同様に、日本の地域生活支援において、集団の尊重、相互支援の重視、個人と家族を含めた支援、反対を意味する視点が、個人を尊重しない、専門性を重視しない、個人中心の支援をしない、ということではない。この結果が示唆している点は、ソーシャルワーク実践をおこなううえで、アメリカと日本を比較した際、これらの視点が一方に比べて低い・高いということである。

**クラブハウスモデルにおける地域生活支援**

インタビュー調査の結果、ソーシャルワーカーが支援を展開するうえで、重視する支援はアメリカと日本で異なるということが明らかになった。クラブハウスモデルにおけるソーシャルワーカーの介入を軸として分類すると、アメリカでは個の尊重が高く、専門性の重視が大きく、支援の対象が個人中心であり、組織内での連携を強調するという視点が重視されている。日本では集団の尊重が高く、相互支援の重視が大きく、支援では個人と家族を対象とし、地域連携を強調するという視点が重視されている。一方で、それぞれの国において逆の視点についてはあまり言及されておらず、重視されにくい視点としてカテゴリー化している（図5-1）。

153

# 3　共通の枠組みを持つアメリカと日本のクラブハウスの実践の比較

　本章では，地域生活支援モデルの源流ともいわれるクラブハウスモデルに焦点をあて，モデルが開発された歴史的経過を辿り，運営方法と活動内容について考察した。さらに，アメリカと日本のクラブハウスモデルにおける実践に着目し，内容を比較分析することにより，社会文化的背景からみた2か国間の相違点を示した。

　第1に，ファウンテンハウスの事例研究により，クラブハウスモデルには4つの構成要素があることが明らかになった。クラブハウスモデルの活動は，①クラブハウス国際基準とよばれる運営の基準を示す運営指標に基づいておこなわれていること，②運営指標が精神障害のある人々のエンパワメントに結びついていること，③運営指標を正確に理解し，実践に活かすために一定の研修システムが準備されていること，④実践の質を保つために，定期的かつ継続的な学びの機会が与えられることである。ここでみられる構成要素は，アメリカと日本のクラブハウスにおいて共通の視点として実践に反映されており，両国が同じ枠組みで運営をおこなっていることが指摘できる。すなわち，クラブハウスモデルの基準に沿った運営をしているクラブハウスは，世界中どこへいっても同じ枠組みを示し，これらの構成要素がクラブハウスとしての活動の核となっているといえる。

　第2に，アメリカと日本のクラブハウスは，共通のクラブハウス国際基準を掲げ，同じ枠組みに基づいて活動しているのにもかかわらず，実践としては異なる視点を持ち合わせていることが明らかになった。アメリカと日本の相違点について示すと，①アメリカではメンバーとスタッフの関わりから，「個の自立」と「個の尊重」が特徴としてみられ，日本では，クラブハウス全体の調和から「集団の力」と「集団の尊重」がみられた。②アメリカのスタッフは「専門性を重視」した実践を展開しているのに対し，日本のスタッフは，共に成長する支援を中心に「相互支援を重視」した実践を展開している。③アメリカの

第**5**章　クラブハウスモデルを軸とした地域生活支援の分析

メンバーは，社会通念としても成人に対しての自立が求められていることから
「個人への支援」が主流であるのに対し，日本のメンバーは，社会的にも家族
の単位を重視しているため「個人と家族への支援」が主流となっている。④ア
メリカのクラブハウスでは組織が包括的に複数の支援を提供していることから
「組織内連携」が主流となっているのに対し，日本のクラブハウスでは，「組
織内連携」だけではなく外部の資源を組み合わせる「地域連携」が特徴として
みられた。

　これらの結果を基に，第**6**章ではそれぞれの国でみられる地域生活支援の特
質についてまとめ，アメリカと日本の実践における類型を示す。

155

# 第**6**章
## 日本の地域生活支援の特質

　クラブハウスモデルの活動調査と，ソーシャルワーカーへのインタビュー調査の結果，アメリカの地域生活支援と日本の地域生活支援では，実践をおこなううえで，それぞれ重視している視点が異なり，地域生活支援におけるソーシャルワークを実践するうえでどのような要因が求められているのか，それぞれの国の特徴がみえてきた。

　本章では，これまでの調査でみえてきた地域生活支援における日本の特質を軸としながら，その内容をアメリカの特質と照らし合わせながら分析し，日本の地域生活支援の本質に迫る。

## 1　アメリカと日本の比較軸からみた地域生活支援

　これまでの調査を通して明らかになったアメリカと日本のソーシャルワーク実践における相違点を総合的に考察することにより，本章では地域生活支援におけるソーシャルワークの枠組みを検討する。その方法として，①「個の尊重」と「集団の調和」，②「専門性を重視したソーシャルワーク」と「相互支援を重視したソーシャルワーク」，③「当事者に対する支援」と「家族を含めた支援」，④「組織内連携」と「地域連携」を対称概念として用い，それぞれの詳細について議論する。

### 「個の尊重」と「集団の調和」

　クラブハウスモデルの基準と活動からもわかるように，クラブハウスそのも

のが地域で生活する精神障害のある人々にとってのコミュニティであり，一つの集団であると捉えることができる。例えば，ユニット活動では，メンバーとスタッフが協力し合いながら，ユニットを運営することでまとまりができている。クラブハウスの活動は，多くの人が関わりを持ち，活動において一人ひとりの貢献が大きな力になっているといえる。しかしながら，ここに挙げた一人ひとりの集団への関わりや捉え方が，アメリカと日本では異なる。

　この比較からみえてきたことは，アメリカの集団に対する考え方は，あくまで個人の目標を達成するためのものであり，集団を目的手段として捉えている傾向がある。つまり，ユニットという集団に属してはいるものの，集団のあり方や集団の動かし方よりも集団に属する一個人をどう支援するかという視点が重視され，集団を個の集合体と捉えている。これを異なる色としてたとえると，パレットの上に赤・青・白がそれぞれ置かれており，3色が同じパレットの上にあるのにもかかわらず，これらが混ざって薄紫色になることを目標とはしていない。

　この視点はインタビュー調査結果にも現れており，ソーシャルワーカーが効果的に関わる要素としても，集団全体に焦点をあてた支援ではなく，個を尊重する支援が必要だと考えられている。「ユニットのなかで個人のニーズを意識している。メンバーは多くのニーズを抱えているから，積極的なメンバーはスタッフに対しても自主的に自分の希望を訴えてくる。自分の権利を主張するのが苦手なメンバーは置き去りにされてしまうこともある」「グループよりもまず個人，個人にいかに自主的に参加してもらえるかを考えながらメンバーと関わる。だから自分との関わりによってメンバーが変わっていくと嬉しい」などのデータがある。個人をいかに尊重し，個と個の関わりを通じてメンバーが力をつけていく過程がクラブハウスでの実践に取り入れられている点からみても，アメリカのソーシャルワークは個の尊重という視点を強調している。

　また，アメリカでの組織における集団に対する意識は，日本の組織でみられる集団に対する意識とは異なることが指摘できる。例えば，日本のクラブハウスでは，ミーティングのほとんどでその場にいる全員が参加することが多く，

158

参加することやその場にいることが，メンバーとスタッフの間でごくあたりまえの事として受け入れられている。これは，集団の調和を乱すことなく，集団に対する所属意識を高める結果として表れている。アメリカと同様に色としてたとえるならば，パレットの上の赤・青・白は混ぜ合わされ，薄紫色の新しい色として生まれ変わっているのである。この集団に対する考え方は，日本の文化として集団を乱すことなく，足並みを揃えることが求められるという視点からの影響も考えられる。これは，教育的な視点からもみることができ，集団の調和，輪を乱さないという行動が幼少期から習慣となっていることから，ソーシャルワークを実践している側，支援を受けている側の両方が無意識的に集団の視点を取り入れているのではないだろうか。

　また，日本における集団の力や集団を意識した関わりも重視されている。例えば，クラブハウスにおけるソーシャルワーカーの関わりとして，「なぜこのグループがこう動いたのか，自分がこの言葉をかけたらグループがどう変わるのか，常に考える。集団を中心に考えることで見えてくるものがある」というデータがある。日本のクラブハウス実践は，個という視点だけでなく，集団という視点も重視することにより，グループワークをソーシャルワーク実践として展開していることがわかる。

　なお，ここで語られている集団の力は，個人の尊重を否定しているという意味で用いられているわけではない。個人のニーズや意思の尊重，自己決定は日本のデータからも抽出されており，これらのソーシャルワークの価値はアメリカでも日本でも共通のものとして捉えられていることが本調査の論点であることを指摘しておきたい。


### 「専門性を重視したソーシャルワーク」と「相互支援を重視したソーシャルワーク」

　地域生活支援において，人間関係はソーシャルワークの要素として欠かせない。クラブハウスの基準がクライアントとの関係を「Side by Side」すなわち，横並びの関係と規定しているように，アメリカにおいても日本においても互い

を個人として尊重し，パートナーとして活動に取り組むという姿勢を基準としている。しかしながら，パートナーシップにおける個人の捉え方という視点においては，アメリカと日本では相違点がみられる。アメリカのパートナーシップでは，個人対個人というお互いを常に個として意識する関係性で成立しているという特徴がある。横並びの関係でありながら，ソーシャルワークの専門家として，そして支援する立場としてメンバーと接するという視点が，ソーシャルワークの専門知識と技術を持ったスタッフの責任であると考えられている。「I'm not their friend, but I'm friendly to them（私は友達ではないけれど，友好的な関係である）」そして「I don't have to be their favorite, but I do what is expected as professional（私は彼らに好かれなくてもいい，専門家として求められていることをおこなうだけだ）」と強調している。スタッフの役割は，メンバーの立場と権利を擁護し，自己実現に向かって個人を支援していくことだという姿勢が尊重されている。すなわち，アメリカで捉えられているパートナーシップでは，横並びの関係を保ちつつ，相手の意思を尊重しながら専門家としての支援を提供するという立場を貫いている。

　一方，日本におけるパートナーシップの関係は，「一緒に考え」「一緒に悩み」「一緒に成長し」「一緒に歩いていく」という協働性，すなわち連帯感や仲間意識という要素がパートナーシップに深く関わっている。メンバーとの関係も，「人として友人としてどう支えるかが課題」「人と人の関係を築くなかで，専門性とどう向き合うかが課題」とあるように，ソーシャルワークの専門家としての立場よりむしろ，個人と個人で共に活動する仲間としての関係性が強くみられる。

　すなわち日本の支援関係には，ソーシャルワーカーとしての専門性を保ちながらも，相互支援の要素が多く含まれており，スタッフがメンバーの成長を促すだけでなく，スタッフもメンバーと共に活動し，成長していくというプロセスも含んでいると考えられる。そしてこの関係性は，メンバーとスタッフの間にのみ存在するのではなく，メンバーとメンバーの間にも存在しており，これは先に述べた集団の力にも大きく影響している。このことは，JHC板橋会の

サン・マリーナを取り巻く事業体でも実証されており，寺谷（2008）によると，相互支援を重視したクラブハウスの構成要素が当事者のリハビリテーションに影響を与えているといわれている。したがって，日本の地域生活支援の視点には，メンバーとスタッフが共に支え合う環境のなかで関係性を構築しながら展開するという特徴があるといえる。

## 「当事者に対する支援」と「家族を含めた支援」

　アメリカと日本の未婚者による親との同居に対する考え方の相違から，個人のあり方や家族に対する考え方が，国によって異なる点については第4章で指摘した。社会通念としてアメリカでは，18歳になれば自分のことは自分で責任を持つ自己責任が求められ，それは精神保健福祉の分野でもごくあたりまえのこととして求められている。実際に，親と同居しているメンバーに対する支援でも，親と同居しているからといって家族を含めた支援体制を組むことはほとんどないという結果であった。むしろ，親が当事者と支援者との間に介入することが支援の妨げになると考えられることが多く，当事者の自己決定を支えることを常に最優先している。

　その背景にはクラブハウスモデルが成人を対象としていることや，18歳以後に精神疾患を発症する人々が多いこともあり，介入する時にはすでに一人暮らしをしているケースが多いと考えられる。アメリカで理論化されたケースワーク，援助技術そのものが，こうした社会文化的背景から生まれてきていることから，ケースワークが個人を中核においていることもおのずと理解できよう。したがって，個人を中心に置いた本人主体のソーシャルワークには，アメリカの社会通念が反映されており，アメリカにおける支援の対象はあくまで本人であり，家族を支援の対象とするのは児童や青年期が主となっている。一方で，家族を対象とする家族カウンセリングなどはみられるものの，あくまで家族がカウンセリングを希望するケースや，家族療法として治療の一環で取り入れられているケースが多い。

　たとえ家族に複数の精神障害のある人々が含まれていたとしても，一般的に

担当のケースワーカーはそれぞれ異なり，たとえ同じケースワーカーが担当するとしても，それぞれ個人に対する支援の視点はあくまで個人となる。個人の決定はあくまでも個人のものであり，たとえ家族であっても，個人の自己決定を妨げるべきではないと考えられている。

　日本の実践では，クラブハウスのデータでも見られたとおり，全てのメンバーが家族と同居している事業所もみられるほど，成人した後も家族と生活する精神障害のある人々が多いことがわかる。したがって，ソーシャルワークの視点もシステムアプローチを取り入れることが多く，家族と当事者を切り離して考えるのではなく，家族関係の中にある個人の存在に着目する傾向が強い。すなわち，個人を家族という枠組みの中で生活する個人として捉えており，個人が決定する地域生活における様々な事柄は，家族という枠組みの影響を強く受けることから，日本では本人主体の支援が家族主体の支援になり得る。

　たとえ一人暮らしで家族が傍に居ない人でも，家族との交流が途絶えていない限り，支援のなかで家族関係を切り離して考えることは稀である。むしろ家族の関わりがない場合は，家族の関わりを支援者側から促すこともある。クラブハウスのインタビューでも「家族と連携している。調子が悪い時は特に家族と密に連絡を取り合って支えている」「家族に支援が必要な時はクラブハウスが動く時もある」というデータがみられた。対象を考慮する時には，本人を中核に置きながらも必然的に家族をも含んでいることもある。

　それは日本の社会通念として，家族は互いに支え合うことがあたりまえであり，特に親は子どもが成人しようと，結婚しようと面倒をみる責任があると考えられているためだと考えられる。さらに，法律としても 2015 年までは，精神保健福祉法において保護者制度が定められていた。精神障害者に治療を受けさせることや財産上の利益の保護は，家族を主体とした保護者の役割として義務化されていた歴史がある。日本の実践の中では当事者と家族を切り離し，当事者のみを支援の対象として考えることは逆に不自然であり，ソーシャルワーク実践における家族の重要性が指摘されるのである。

第**6**章　日本の地域生活支援の特質

### 「組織内連携」と「地域連携」

　アメリカと日本の地域精神保健福祉を比較するうえで，大きな障壁となるのが制度や政策，いわゆる精神保健福祉システムである。こうしたシステムの違いによって国ごとの支援体制も異なり，それはクラブハウスの運営体制にも影響を与えている。

　例えば，ニューヨーク市のファウンテンハウスでは一日に約300名以上のメンバーが来所する。そして，その大規模な組織体のなかで，包括的な支援が提供できるように就労支援・居住支援・教育支援・余暇支援・食事支援などの様々な取り組みがおこなわれている。クラブハウスモデルの基準として，これら全てを一つのクラブハウスで展開することが求められるが，小規模な活動を主とする日本の精神保健福祉システムのなかでは，一つの事業所がこれら全てを包括的に提供することは容易ではない。一方で，小規模な事業所の中でも全ての日本のクラブハウスでは，就労支援・余暇支援・食事支援を日常的におこなっており，クラブハウスで対応が困難な分野については，同じ法人や他の法人の事業所と連携しながら支援を展開しているケースもみられる。

　アメリカと日本のシステムの違いを前提として，ソーシャルワーク実践における連携に焦点をあてると，データの分析からもみられるように，アメリカでは組織内の連携という部分が重視される傾向が強い。ファウンテンハウス内における連携の例を挙げると，7つのユニットと居住支援との間で，メンバーのニーズに応じて連携がおこなわれ，担当のワーカーはケースマネジャーの役割を果たしている。就労支援をおこなう時は就労ユニットの担当ワーカーと連携し，居住支援をおこなう時は居住担当のワーカーと連携する。他にも，教育支援や余暇支援も内部の連携がおこなわれる。内部でおこなわれている連携でメンバーのニーズに対応することも可能である。

　一方で，医療や薬はメンバーの生活を委縮させ，生活をコントロールしてしまうパワーを持っているという考えが根底にあるクラブハウスモデルでは，一部の例外を除いて医療的なケアを内部では提供していない。したがって，クラブハウスによる外部との連携の多くはメンバーの医療的な支援をおこなってい

163

るクリニックや病院，もしくはメンバーの就労先である会社や企業となっている。データでも，「他の事業所へ連絡することはほとんどない。主治医や入院先のケースワーカーから連絡がくる程度」といわれている。また，家族との連携については，家族と同居していないメンバーがほとんどであり，同居していても家族が支援の対象にならないことから，積極的に連携を図ることは稀である。家族との接点の多くは，60周年記念会など，家族をファウンテンハウスに招待するイベントが企画された時など最小限にとどまっているはいるが，家族との関わりを拒否しているわけではないことがデータからもわかっている。

　アメリカでの組織内中心の連携体制と比較すると，日本における地域連携は多岐にわたる。それはメンバーが保健師や他の事業所からの紹介を経てクラブハウスの利用を開始し，紹介を受けた後も本人と本人の家族を含んで，地域の関係者と包括的に連携を継続するという特徴があるためである。また，制度的な理由を挙げると，障害者総合支援法の制度下で運営しているクラブハウスでは，市町村と連携しながら受給者証を取得するため，市町村の関わりなくして利用につながることがない。また，他の事業所とのつながりの例を挙げると，相談支援事業所の利用なくしてクラブハウスにつながるケースはセルフプランを作成しているメンバーに限る。また，グループホームを利用しているメンバーはグループホームのスタッフとつながっており，地域活動支援センター等を利用しているメンバーはクラブハウスと併用をしているケースもある。就労支援の連携については，クラブハウス内の過渡的雇用による就労支援だけでなく，ハローワークの担当や就労支援センターなどの機関における就労支援を利用するケースもあることから，クラブハウスのスタッフがこれらの機関と連携を図りながら複合的に支援する場合もある。

　それ以外にも，日本でも過渡的雇用の就労先やクリニックや病院との連携がある。インタビュー調査からは，「他の事業所への連絡は頻繁にします。同じ法人内が一番多いですが，行政関係だったり，就労先だったり」「うちは同じ法人内で他の事業をしていないので，支援センターとかハローワークが一番多いです」という声が聞かれる。クラブハウスだけで全てを完結させるというよ

りもむしろ，複数の機関とのつながりのなかでシステムを構築しながら支援を提供するというスタイルが日本の特徴だといえる。

それは，地域とのつながりを重視してきた日本の文化的背景の影響も考えられ，福祉の分野で社会的に生きづらさを抱えている人々を地域の中で共に支えていこうという地域ケアシステムの考え方にもつながっている。さらに，この地域連携の考え方は，フォーマルな連携だけではなく，家族や知人を中心とした地域におけるインフォーマルな連携も特徴的である。地域の商店街や行きつけのお店，ボランティアの関わりなど，地域トータルケアシステムを構築しながら，人と人の関係性のなかで生活支援の展開を重視しているといえる。

## 2　主体型地域生活支援の創出と共生型地域生活支援の創出

これまでの調査結果をもとに，アメリカと日本の地域生活支援を総合的に検討することにより，以下ではアメリカと日本の地域生活支援の特質を示す。

### アメリカと日本のソーシャルワークの特質

これまでの分析から，精神障害のある人々に対するアメリカと日本の地域生活支援における特質として，本調査の鍵となる「個」と「集団」という概念を挙げることができる。嶋田ら（1982：148）は，わが国のソーシャルワーク実践におけるソーシャルケースワークを検討する時に，「日本的ケースワークという考え方を追求する必要性があると思っているのです。しかしそこでは『個人』という考え方が問題になるのです」という指摘をしている。日本的ソーシャルワークの視点からみると，「個人」というのは，家族の枠組みのなかで考えられており，この枠組みが存在する限り家族との連携は不可欠である。したがって，日本の地域生活支援の対象を「個人」のみに限定することは極めて不自然なものだといえる。

さらに，「集団」における調和という概念もまた「個人」に対比するものであることから，「個人」の意思や主張よりもむしろ「集団」の調和を尊重する

図6-1 アメリカと日本の地域生活支援の特質

出所：筆者作成。

視点がソーシャルワークにも反映されていると考えられる。中根（1967）が日本の社会構造における理論的枠組みについて，日本の社会における「場」は，「個人」の資格や機能に勝る力を持っていると指摘しているように，「集団」の場すなわち世間を重視するという日本的な価値観が「個人」に影響を与えているのである。この「集団」と「個人」の捉え方が，ソーシャルワーク実践におけるパートナーシップを構築する上での関係性にも反映されていると考えられ，「集団」に対する比重が重くなればなるほど「共に」という考え方が強調されるといえる。

これらの視点を，アメリカと日本の地域生活支援における人と地域の関係図として示す（図6-1）。アメリカの特質からは，①個の尊重を重視している，②個人を中心核に置いている，③人と人の相互関係が低い，④地域連携が低いという4つの視点がみられ，日本の特質からは，①集団の調和を重視している，②家族を中心核に置いている，③人と人の相互関係が高い，④地域連携が高いという4つの視点がみられた。この図から，アメリカと日本の地域生活支援における特質は対角線上に位置することが明らかになり，同じ地域生活支援でありながらアメリカと日本のソーシャルワークにおいて，実践として展開する視点が異なると指摘することができる。

## 主体型地域生活支援の創出

これまでの見解から，アメリカのソーシャルワークでは，独立した一個人を支援するという視点を重視し，ソーシャルワーカーは専門的な知識のある専門職としてクライアントと関係性を構築し，福祉サービスの多くは組織内連携によって展開されているということが明らかになった。その中でも，はじめに独立した一個人を支援するという視点に焦点をあてると，それは，いかなる個人も地域，集団，家族から自立した存在として捉えるアメリカの社会文化的な価値観が，ソーシャルワーク実践にも影響を与えていることがわかる。家族から独立して生活する個人は，若い頃から自分の人生を個の自覚と意思によって決定していかなくてはならない。また，たとえ家族と一緒に暮らしていたとしても，家族と個人の関係はそれぞれが独立しており，親は子どもを一個人として扱い，子どもは親を一個人として扱う。すなわち，あらゆる場面で個人としての自己決定に遭遇する。この構図は，クラブハウスの活動でもみられ，個人が自分の決定においてどのような活動をおこないたいのか，どの範囲まで活動をおこなうのか自主的にアプローチし，自分のニーズをはっきりと主張していかなくてはならない。さらに，メンバーとスタッフの支援関係やメンバーとメンバーの人間関係においても，自分がどうしたいのかが問われる。アメリカの地域生活支援では，一般社会の中でも個の存在を尊重するがゆえに福祉の現場でも主体性が求められる。

次に，アメリカの組織内連携という特徴に目を向けると，アメリカの地域生活支援で組織内連携が強化されていく過程には，時代と共に変動する当事者のニーズに即したサービスを生み出していく組織の構造が反映されている。例えば，クラブハウスモデルはエビデンスベースプラクティスの実践として，アメリカ薬物乱用精神衛生サービス事務局の認証を受けており，現在もさらなる効果の高いモデルの開発に向けて日々邁進している。したがって，現場において時代に応じたニーズの変化がみられるようになると，組織がその変化に応じて新しいプログラムを創設していく。とりわけ，アメリカでは組織が新しい事業を始めるプロセスが柔軟であるため，容易にプログラムの開発がおこなわれる。

その具体的な例がファウンテンハウスで新設された健康増進を目的とするウェルネスユニットである。昨今の精神保健福祉の傾向として，精神障害のある人々の心と体の健康維持に目がむけられていることから，組織として健康づくりの課題に取り組む姿勢をとっている。このように，メンバーのニーズに応じて運営上で必要とされる支援があれば，組織の中で新設する。この繰り返しによって組織内の資源が充実されていくしくみを作っている。加えて，こうした新たなニーズに応じたプログラムの開発は補助金も得られやすく，国からも承認を受けやすいという特徴もある。

　このように，組織が地域生活支援モデルとしてエビデンスを目標とすることは，支援を利用する精神障害のある人々の生活の質（QOL）を高め，地域生活における選択肢を広げることも可能にしていると考えられる。一方で，こうして切磋琢磨し合う地域生活支援モデル同士が競い合う体制をつくっていることも否めない。自らの実践に関するエビデンスを証明するために，モデルとモデルの比較がおこなわれてしまう。お互いの良い点から学び合い，不足している点を補い合うことで協働し，住みやすい地域へと働きかけるというよりはむしろ，対立関係を形成してしまう可能性も否めない。

　見方を変えれば，アメリカの地域生活支援は，組織までもが個の存在を主張しており，それぞれがそれぞれの役割を果たしながら展開していく「主体型地域生活支援」に立脚していると考えられる。そして，この主体型地域生活支援により，個が持つ力を最大限に活かすことがアメリカ社会に受け入れられる地域生活支援の形ではないだろうか。

　これまでの視点から，主体型地域生活支援の構図を示す（図6-2）。この図から，当事者を中核に家族，事業所，医療機関，行政機関，メンバー・友人，ボランティアなど，当事者を取り巻く人々の関係性をみることができる。ここで構築される人と人の関係性は，当事者が主導となり，主体的につながりを構築する働きかけが中心となる。これは，アメリカの地域生活支援が，当事者の主体性を尊重していることを表しており，当事者が自己決定をおこない，自ら働きかけをおこなうことが意思表明の一つであると認識されるのである。

図6-2 主体型地域生活支援の構図

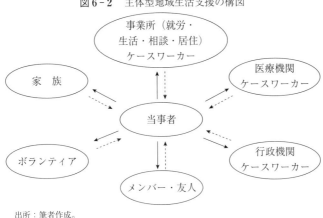

出所：筆者作成。

　すなわち，現場の活動でも，「今日は様子がいつもと違う」「何かあったのだろうか」といった言葉に表れないニーズは把握されにくい。自分から「今日は具合が悪い」「嫌なことがあったので聞いてほしい」などといった，当事者からの主張を通じて，個と個の関係形成につながり，家族関係，友人関係，支援関係などへと発展していく。また，当事者から発信される関係性の構築は，対当事者との関係が基本となっているため，横のつながりが形成されにくい。したがって，全体の連携がおこなわれることが少なく，地域を基盤としたシステムの構築がされにくいと考えることができる（図6-2）。

### 共生型地域生活支援の創出

　日本の精神障害のある人々に対する地域生活支援は地域や集団の関わりのなかで，家族・当事者・専門家が相互関係を持ち，互いに影響を受け合いながら展開されているといえる。それは，個人を地域，集団，家族から独立した存在ではなく，これらの一部として捉える日本の社会文化的価値観の影響が強いと考えられ，ソーシャルワークの視点もこの日本的な価値観に影響を受けている。そして，地域連携という日本の地域生活支援の特徴が強調されていく過程には，

社会福祉法人や特定非営活動法人が運営する小規模な福祉サービス組織の実態が反映されている。日本には，ファウンテンハウスのような大規模な地域生活支援を展開している組織体はあまり例がない。

一方で，アメリカのように日本の地域の中にも，単一法人が複数の事業所を運営するケースもみられる。しかしながら，これらの事業所の単位は小規模であり，かつ地域に数多く点在していることが特徴的でもある。日本では地域を細かい範囲で区切り，自宅から通いやすい場所に事業所を点在させることで，お互いに顔が見える実践を可能にするだけではなく，人と人とのつながりなくして支援の展開が難しい状況となっているといえる。それは人と人に限定されることなく，組織と組織にも通じるものがあり，組織同士も互いが共に地域で活動する同志として相互に支援し合い，連携しながら当事者のニーズに即したサービスを提供するしくみとなっている。こうした実践は，各自治体が関わる自立支援協議会を例として，障害者総合支援法等の法律の中でも規定されており，国としても地域が主体となって住民に福祉を提供するという働きかけを積極的におこなっている。

すなわち，日本の地域生活支援は，当事者と当事者，当事者と支援者，当事者と家族，家族と支援者，当事者と組織，組織と組織の関係における相互支援を基盤として，より豊かな関係性を創出しようとする考え方が根底にあり，この関係性に基づいた地域生活支援こそが，日本が実践している精神保健福祉における地域生活支援，すなわち「共生型地域生活支援」だと考えられる。

「共生」という言葉は，もともと生物学の分野で種類の異なる2つの生物が互いに利益を得ながら緊密な結びつきの中で生活している現象を指し，英語ではSymbiosisといわれる。柳沢（1994）によると，「共生」は生物学的な現象だけではなく，社会や個体群などの集団間の関係を指す場合もあるとされている。このことからもわかるように，「共生」は生物界の定義にとどまらず，他者との共生，多文化共生，アジアとの共生など，現代社会のなかで頻繁に使われるようになっている（尾関 2002）。この生物学的な概念と社会的な概念を同時に語ろうとする日本語の「共生」という言葉は，欧米と東アジアで同等の意

第6章 日本の地域生活支援の特質

図6-3 共生型地域生活支援の構図

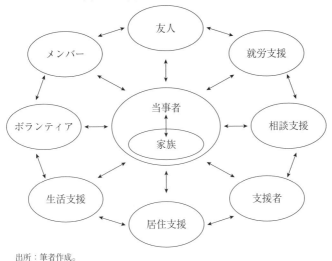

出所：筆者作成。

味を持つ言葉は存在せず（尾関 2007），本研究で比較の対象としているアメリカにも，日本の「共生」と同じ意味を持つ言葉に該当するものは存在しない。すなわち，「共生」は日本の社会・環境・文化によって生まれた日本独自の理念であり，「共生型地域生活支援」の概念は日本の枠組みのなかで形成された日本の実践の形であるといえる。

図6-3の共生型地域生活支援の構図では，当事者を中核とする支援体制を作成した。当事者を主体としている点ではアメリカと共通しているが，日本の地域生活支援では，そのなかに家族という単位が含まれる。この2者は互いが交わりあいながら共存する親密関係にあるため，アメリカのように他の単位と同じレベルに置かれることはない。そして，当事者と家族を取り巻く環境に，友人，メンバー，ボランティア，生活支援，居住支援，支援者，相談支援，就労支援，などが存在し，当事者との相互関係により，互いが影響を受け合いながら関係性が構築される。この相互関係は，2者だけに限定されるのではなく，それぞれが必要に応じて連携することにより，互いのつながりがさらに強くな

171

り，地域を基盤とした総合的な福祉システムといわれる地域トータルケアシステムの構築（野口 2008）へとつながる。

### 日本型地域生活支援への提言（クラブハウスモデル）

クラブハウスモデルは，アメリカでエビデンスベースの実践として高い評価を受けているだけでなく，日本でもクラブハウスを中核として運営しているJHC板橋会の実践が世界心理社会的リハビリテーション学会のベストプラクティスに承認されている（伊勢田ら 2002）。また，クラブハウスはばたきのメンバーは第1回精神障害者自立支援活動賞（以下リリー賞）を受賞，クラブハウスサン・マリーナは第4回リリー賞を受賞するという功績を残している（Lilly 2011）。しかしながら，日本でクラブハウスモデルとしてクラブハウス国際基準に則り活動している事業所は数えるほどしかなく，原初的でありながら，敷居の高いモデルとして精神保健福祉の分野でも認識されている。その理由として，クラブハウスモデルはアメリカで開発され，運営をおこなう上でもトレーニングベースといわれる研修施設で研修を受け，クラブハウス国際基準に沿って運営しなければならないという理解があるからではないかと考える。

本研究におけるクラブハウスモデルを軸としたアメリカと日本のソーシャルワーク実践の比較により，日本の地域生活支援は，共生型地域生活支援を軸として存在していることが明らかになった。すなわち，日本では日本の特質を考慮したソーシャルワークがおこなわれており，これらの特質を取り入れた実践が地域で展開されている。すなわち，欧米モデルに対する日本現場への適応は，欧米で開発されたモデルをそのまま受け入れるのではなく，日本の特質を考慮し，日本のものとして再構築するという視点である。たとえ海外で発祥したモデルであっても，日本の実践として吸収することで，そのモデルの有効性がより活かされる。クラブハウスモデルにおいても，海外で研修を受け，クラブハウス国際基準に沿って運営されていることから，ユニバーサルモデルとして世界各国どこへ行っても同じ実践が展開されているといわれているが，研究結果で見られる通り，運営基準は同じでも基準の解釈や言語的な違いから，視点が

異なる部分がある。

したがって，日本のクラブハウスモデルとして，日本の特質を考慮しつつ，制度や政策にも適応可能な条件を提示し，日本的な基準に沿った運営をおこなう独自のクラブハウスモデルを構築することで，より身近な実践となり得る可能性がある。また，その結果として，クラブハウスモデルが今よりも現場で受け入れられやすくなり，敷居の高いイメージを少しでも払拭することができるのではないだろうか。日本の文化に適応させた日本型のクラブハウスモデルを創出し，クラブハウスの要素であるリハビリテーションとリカバリーの効果が期待できる実践をより多くの精神障害のある人々に提供することで，地域の中でその人らしく生きていくことの支援を実現させることに一歩一歩近づく可能性があると考える。

## 3　アメリカでの取り組みからみた日本型地域生活支援の特質

本章では，これまでの調査結果から得られたソーシャルワーク実践の視点に焦点をあて，その内容を比較分析することにより，アメリカと日本の地域生活支援の特質を論じた。また，アメリカのソーシャルワーク実践における特質を通して，日本の実践をより効果的におこなうための視点についても検討し，日本型地域生活支援の展開について焦点をあてた。これまでの結果について次の4点にまとめる。

第1に，「個の尊重」と「集団の調和」ではソーシャルワーカーが支援者として関わる要素として，アメリカでは個を尊重する視点が求められ，日本では集団に焦点をあてた視点が求められている。その背景には，アメリカと日本における個人と集団に対する捉え方の相違点があり，アメリカの集団に対する意識として，集団は個人の目標を達成するための一つの方法という捉える傾向がみられる。しかし，日本の集団に対する意識は，集団に属する人の行動や意見が集団の力となり，その力が個人に影響を及ぼすと考えられている。クラブハウスモデルの実践のなかでも集団の力や集団を活用した関わりが重視されてい

る。結果として日本では，集団の調和の中にある個人が尊重され，集団の力が支援のなかに生かされていることが明らかになった。

　第2に，「専門性を重視したソーシャルワーク」と「相互支援を重視したソーシャルワーク」では，実践の捉え方に対する相違点が指摘できる。アメリカでは，精神保健福祉の専門職としてメンバーと接するという視点が尊重されるのに対し，日本では，専門職であることと同時に，人と人という視点が重視されている。例えば，アメリカの支援では，ソーシャルワークの専門知識と技術の活用はスタッフの責任であり，専門職としてどのように横並びの関係性を構築し，協働を図るのかという考え方が主体となる。あくまで専門職と当事者による支援関係を基盤としたパートナーシップという認識が高い。日本では，ソーシャルワークの専門性を尊重する一方で，人と人によるパートナーシップによって結ばれる関係性がみられる。したがって，「一緒に考え」「一緒に悩み」「一緒に成長し」「共に歩いていく」という連帯感や仲間意識という要素が支援として高く認識されており，相互支援の要素が色濃く表れている。

　第3に，「当事者に対する支援」と「家族を含めた支援」では，アメリカの支援があくまで当事者である本人の自己決定を支えるものという視点を強調しており，たとえ家族であったとしても，直接的な支援の対象とすべきではないと考えられていることからもわかる。それは，クラブハウスモデルの支援が成人した当事者による活動から始まったことに加え，北米の社会文化的な背景から，精神障害のある人々の多くが家族と同居していないという点からも読み取ることができる。一方，日本では，個人を家族の一員として捉える文化的背景があり，個人は家族という枠組みの中に存在しているともいえる。したがって，当事者に対する支援のなかで家族を完全に切り離すのは困難であり，個人の自己決定を支えるというソーシャルワークの視点においても，家族という存在を排除して考えることは極めて難しい。当事者という概念の中に家族を含めて考えられることが多く，支援する側も支援を受ける側も家族を基盤として生活を考えているという点が特徴的であるといえる。

　第4に，「施設内連携システム」と「地域連携システム」では，アメリカの

地域生活支援システムの多くが一つの事業所で複数のサービスを提供するケースが多いのに対し，日本では地域に点在する複数の事業者をつなげることで，サービスを提供している点を挙げることができる。アメリカでは，複数のサービスを組織内で円滑に提供するために，組織を強化し，組織内の連携を強めていくことが当事者のニーズを充足する必要条件となると考えられている。したがって，多くの事業所がニーズに応じて複数の事業を担っているケースが多い。一方で，日本における地域連携は多岐にわたることが指摘できる。日本でも同一法人が複数の事業所を運営し，連携を図っているケースもみられるが，日本では地域内におけるネットワークや地域トータルシステムといった地域の中で個人を支援する概念が備わっており，同一法人を超えて連携することが，地域における支援のあり方として認識されている。こうした視点からも，ソーシャルワーク実践における地域の位置づけがアメリカと日本では異なることがわかる。

　以上の分析から，アメリカと日本の地域生活支援を比較し，それぞれの特質を図式化すると，アメリカと日本の地域生活支援における特質は対角線上に位置し，次の点を指摘することができる。

　アメリカの地域生活支援は，個と個の関係性のなかで互いの存在を尊重し合い，個人の主体性に応じた支援を組織ごとの連携のなかで展開するという特徴がある。すなわち，当事者を主体として，家族・メンバー・支援者・集団などの関係性のなかでソーシャルワークの支援を構築する「主体型地域生活支援」として展開されている。一方，日本の地域生活支援は，地域のなかで当事者，家族，専門家，集団が互いに影響し合い，より豊かな関係性を共に創りあげる活動を象徴する「共生型地域生活支援」を展開している。

　本研究からの提言として，両国がそれぞれの特質に応じた地域生活支援の展開をソーシャルワーク実践において考慮するという点に加え，それぞれの特質からの学びを得るということである。すなわち，日本はアメリカの地域生活支援から，アメリカは日本の地域生活支援から，双方が他国の実践という鏡を通して自国の実践を振り返ることにより，新たな知見を学びの糧とすることがで

きる。そして，本研究の題材として用いたクラブハウスの実践においても，日本型クラブハウスモデルの開発に留まらず，日本の地域生活支援のリーディングモデルとしてより多くの精神障害のある人々の生活に働きかける地域実践となることを期待したい。

# 終　章

# 精神障害のある人の生活を豊かなものにするために

　この数十年の間に，障害のある人々を取り巻く制度・政策は大きな変化を遂げている。近年の動きだけをみても，障害者差別解消法が 2016 年に施行され，2018 年には精神障害のある人々が法定雇用率制度に含まれるようになり，精神障害も身体障害・知的障害と同じように社会の中で法的な支援が必要な人々として認識されてきた。一方で，これまでみてきた通り，精神障害のある人々の地域移行・地域定着への試みは，極めて緩やかなものであり，物理的な条件としての地域におけるサービス事業の確保，そして援助技術としての地域生活支援のソーシャルワーク実践のあり方など，未だ多くの課題を抱えている。

　本研究は，今後地域の中で生活を実現していく精神障害のある人々，そして現在地域の中で生活をしている精神障害のある人々に対する支援に着目し，地域生活支援を居宅支援と日中活動支援の視点から捉え，地域における包括的な支援について検討をおこなった。さらに，これらの支援の視点を広げるために，ユニバーサルモデルといわれているクラブハウスモデルを題材とし，アメリカと日本のソーシャルワーク実践の調査をおこない，2 つの異なる地域生活支援の特質から日本型と北米型のモデルを提示した。

## 歴史と現状：第 1 章

　本書の第 **1** 章では，世界的な動向からみた日本の精神保健福祉の現状を明らかにし，日本が抱える精神保健福祉の課題に至るまでの経過を辿った。さらに，精神科病院のない社会の実現を果たしたイタリア，トリエステの調査を通して，地域で精神障害のある人々を支えるために構築されたシステムとその背景にあ

177

る理念についても考察をおこなった。ここでのポイントは以下の3点である。

第1に，日本の精神保健福祉の歴史は，逆行の歴史といっても過言ではない。先進諸国で精神科病院の解体がおこなわれた時期に精神科病院の増設がおこなわれ，その現状から未だ脱することなく精神科病院でのケアに大きな比重を置いている。地域を主体としたケア体制はグローバルな視点から見ても30年以上に及び立ち遅れていることがわかる。

第2に，精神保健福祉領域における地域ケアへの意識が高まり，制度的にも条件が整備されはじめているにもかかわらず，その動きはとても緩やかなものである。その背景にはハード面としての福祉サービスの充実に加えて，ソフト面としての専門職による地域生活支援のあり方が問われているといえる。

第3に，精神科医療を精神保健福祉の中核ではなく，地域生活支援システムの一部として位置づけたトリエステの実践からの提言として，現在の日本に求められているのは，精神障害のある人々が安心して生活できる地域生活支援システムの構築に加え，精神障害のある人々に対する人権意識を高めるという点である。特に，精神保健福祉の専門職がどのように人権を捉えているのか，支援する側の意識の変革をおこなうことで，おのずと利用者主体のシステムへと再構築されていくと考えられる。

### 理念と実践：第2章

第**2**章では，精神障害のある人々を地域で支援するためのシステムを包括的に地域全体で展開しているアメリカのマディソン市に焦点をあて，医療・保健・福祉の連携に着目した。また，その中にみられるリカバリーの概念から，理念が実践として展開されている過程について分析をおこない，理念を実践として具現化を試みている日本の先駆的実践についても取り上げた。第**2**章におけるポイントは以下の3点である。

第1に，マディソンモデルの特徴として，医療・保健・福祉の垣根を越えて実践をおこなうために，包括的なケースマネジメントが展開されている。その中の特徴的な点として，包括型地域生活支援（ACT）を含めた積極的なアウト

終　章　精神障害のある人の生活を豊かなものにするために

リーチや危機介入プログラムなど，地域生活のニーズに応じた社会資源がシステムの中に点在し，必要に応じてアクセスできるようなしくみになっている。

　第2に，マディソンモデルの基盤にはリカバリーがあり，プログラムの一例として挙げたクラブハウスでもリカバリーに必要な要素を活動として提供している。また，マディソンモデルのいたるところで認定されたピアスペシャリストが活躍する場を提供するなど，当事者主体のリカバリー志向の事業が展開されている。

　第3に，精神保健福祉の分野では，日本独自の視点から展開されていった地域生活支援の実践が多く存在する。その中で，先駆的なモデルとして知られるやどかりの里，浦河べてるの家，JHC板橋会の3つのモデルから特徴的な点を挙げると，①相互関係を基盤としたパートナーシップを重視していること，②自分らしさやあるがままの尊重を重視していること，③小規模で連携を基盤とした地域密着型の社会資源であることがわかった。


## ノーマライゼーションと居住の視点：第3章

　第**3**章では，ノーマライゼーションの理念を確立していった北欧の実践に焦点をあて，福祉国家における地域生活支援を日中活動と居住の視点から捉えた。また，居住の視点として，日本のグループホームにおける支援について取り上げ，精神科の長期入院経験者に対する地域生活支援のあり方とQOLに働きかける地域生活支援のあり方について検討をおこなった。第**3**章におけるポイントは以下の3点である。

　第1に，北欧の精神保健福祉における実践では，ノーマライゼーションの理念をどのように実践として展開すべきかという視点が重視されており，障害のある人々の権利を尊重し，ベーシックニーズとしての居住については国が保障すべきという考え方が福祉的な支援に表れていることがわかった。

　第2に，ノーマライゼーションへの挑戦を継続している日本の実践として，精神科長期入院経験者の地域定着に求められる特性として，①入居者の個別性を重視した積極的な支援，②サポート体制を強化したネットワーク支援，③入

179

居者の受容を重視した継続的な支援，④入居者が自信を取り戻すためのエンパワメントを重視した支援，⑤新たな目標と人生を見つけるためのリカバリーを重視した支援があることがわかった。

　第3に，入居者のQOLを通して考える居住支援では，グループホームで生活している精神障害のある人々は精神障害のない人々よりも低いQOLを示しており，とりわけ身体的領域に生きづらさを抱えていることが示された。日々の生活における身体的状況の改善を促進する支援を提供することがQOLの向上につながるということが明らかにされた。

### 日中活動の視点：第4章

　第4章では，地域生活支援のユニバーサルモデルとして知られるクラブハウスモデルを題材として日中活動支援に求められる要素について検討をおこなった。クラブハウスモデルに着目した理由は，エビデンスベースのプログラムとして，精神保健福祉分野で実践が評価されているという点に加え，プログラムとして，ある一定の質が担保されているとも考えられるからである。第4章のポイントは以下である。

　ファウンテンハウスの事例研究により，クラブハウスモデルは主に4つの要素で成り立っていることが明らかになった。それらは，①クラブハウス国際基準とよばれる運営の基準を示す運営指標に基づいて活動をおこなっていること，②その運営指標が精神障害のある人々のエンパワメントに結びついていること，③運営指標を正確に理解し，実践に活かすために一定の研修システムが準備されていること，④実践の質を保つために，定期的かつ継続的な学びの機会が与えられることである。

### アメリカと日本の地域生活支援：第5章

　第5章では，第4章で理解を深めたクラブハウスモデルを題材として，アメリカと日本それぞれの国における支援の視点について，参与観察とインタビューによって明らかにした。アメリカと日本を比較する視点として，世界各地

終　章　精神障害のある人の生活を豊かなものにするために

で同じモデルを展開しているクラブハウスの実践から相違点が導き出されると
すれば，それはソーシャルワーカーが，モデルの理念や基準を自国に適応させ
て実践していると解釈できるからである。第**5**章のポイントは以下の2点であ
る。

　第1に，アメリカと日本のクラブハウスは，共通のクラブハウス国際基準を
掲げ，同じ基準に基づいて活動しているのにもかかわらず，異なる地域生活支
援の視点がみられるという点である。第1の視点として，アメリカのメンバー
とスタッフの関わりでは，「個の自立」がみられ，日本では，クラブハウス全
体の調和から，「集団の力」がみられた。第2の視点として，アメリカのスタ
ッフは，「専門性を重視」した実践を展開しているのに対し，日本のスタッフ
は，共に成長する支援を中心に，「相互支援を重視」した実践を展開していた。
第3の視点として，アメリカの実践では本人以外を支援の対象としていないこ
とから，「個人への支援」が主流であるのに対し，日本の実践では個人を中心
としながら家族もまた支援の対象としていることがわかった。第4の視点とし
て，アメリカのクラブハウスでは，「組織内連携」が主流となっているのに対
し，日本のクラブハウスでは，外部の資源を組み合わせる，「地域連携」が特
徴としてみられた。

　第2に，クラブハウスモデルにおけるソーシャルワーカーの介入は，文化的
要素，支援の視点，支援の対象，支援のシステムという4つのカテゴリーによ
って成立しており，これらのカテゴリーが実践において重視している点と重視
していない点を分類していることがわかった。具体的には，アメリカのソーシ
ャルワーカーによる介入では，①当事者に対する個の尊重を重視し，②専門性
を重視した実践をおこない，③家族を含めることなく個人を支援の対象とし，
④組織内の連携を強化していくことが求められる。一方で，日本のソーシャル
ワーカーによる介入では，①集団による調和を重視し，②相互支援による実践
をおこない，③個人と家族を支援の対象とし，④地域連携を強化していること
が明らかになった。

## 総合考察：第6章

第6章では，これまでの調査結果から示された日本の地域生活支援における特徴に焦点をあて，その内容をアメリカの調査結果と照らし合わせながら，分析することにより，日本とアメリカの地域生活支援の特質を示した。第6章のポイントは以下の2点である。

第1に，アメリカのソーシャルワーク実践の視点として，「個の尊重」「専門性を重視したソーシャルワーク」「当事者に対する支援」「組織内連携」を挙げることができた。アメリカの実践における集団の捉え方は，個人の目標を達成するための手段としての位置づけが中心となっており，集団そのものの意義については日本ほど重視されない。このことから「個の尊重」という視点を導き出した。また，クラブハウスの国際基準でもある利用者とスタッフの横並びの関係性という言葉の解釈については，関係性としては平等ではあるが，ソーシャルワーカーとしての専門職の視点は変化しないという「専門性を重視したソーシャルワーク」が明らかになった。さらに，支援の対象とするのはあくまで当事者であるという「当事者に対する支援」は，成人すれば自己責任が求められるアメリカの文化的な背景に加え，家族が当事者の自己決定を妨げる可能性があるという視点からもうかがえた。最後に，比較的規模の大きな事業所において，多種多様な資源を提供するスタイルが主流のアメリカならではの地域生活支援から，「組織内連携」の視点が導き出された。

第2に，日本のソーシャルワーク実践の視点として，「集団の調和」「相互支援を重視したソーシャルワーク」「家族を含めた支援」「地域連携」を挙げることができた。日本の実践では，個人に対する支援に加え，集団に対する支援としてグループダイナミクスが重視されている。事業所単位でつくられる集団は，所属するものとしての意識が強く，集団の輪を乱すことなく運営することがあたりまえの実践として展開されていることから「集団の調和」という視点が導き出された。また，「相互支援を重視したソーシャルワーク」として，日本ではソーシャルワークの専門性と同時に，共に歩む同志としての関係性が構築されており，利用者と支援者がお互いに影響し合いながら事業所を運営するとい

終　章　精神障害のある人の生活を豊かなものにするために

う視点がみられた。また，物理的に家族と同居している人々が多い日本では，当事者個人だけに焦点を置くのではなく，当事者を取り巻く家族との関係性や家族の状況も支援の対象になることから，「家族を含めた支援」がおこなわれていることがわかった。最後に，小規模な事業所運営が特徴となる日本では，一か所の事業所だけではなく，複数の事業所や市町村が地域生活支援に関わることから，それらをつなげていく役割を担う「地域連携」の視点が重要になることが明らかにされた。

　これらの結果から，アメリカの地域生活支援は，個と個の関係性のなかで互いが存在を尊重し合い，個人の意思や判断を活かした専門性の高い支援を組織ごとに展開する「主体型地域生活支援」の実践と結論づけた。一方で，日本の地域生活支援は，家族，集団，そして地域の中で生きる精神障害のある人々に対し，相互関係を通して生きるちからを強化する支援を展開しながら，地域の中にある社会資源やつながりを活かしていく「共生型地域生活支援」の実践と結論づけた。

### まとめ

　本書では，精神障害のある人々を支援するために，日本の実践で求められている視点について国際的な視座から検討をおこなった。国際的な視座に着目することは，自国の実践における特徴や位置づけを振り返る材料になり，明示的に明らかにすることができる（埋橋 2011）と考えられている。社会文化的に異なる地域での実践を日本で同じように展開することは容易ではないが，ここで得られたエレメントを核として，精神障害のある人々の生活がより豊かになるような実践についてまとめていきたい。

　まず，1点目は人権と人間の尊厳である。地域でも病院でも，精神保健福祉に携わる人々が治療や支援をおこなう上で影響を受けることの一つとして，目の前にいる患者や利用者をどのように捉えるかという視点が含まれる。本書でも取り上げたトリエステの実践では，政策として精神科病院の削減を始めたわけではなく，もともとは患者の人権や尊厳を意識することから始まり，身体拘

束や隔離，閉鎖をすることが良い治療といえるのかという点に疑問を持った結果として，精神障害のある人々を守るための法律を制定し，精神科病院を撤廃していった。

　すなわち，精神保健福祉に関わる全ての関係者の意識改革が内発的におこなわれなければ，外的な要因として精神病床の削減を推進していったとしても，根本的な視点を変えることは難しい。昨今の日本で課題とされている精神科領域における身体拘束も同じである。2017年には，「精神科医療の身体拘束を考える会」が設立され，身体拘束が原因となる死亡事故や増え続ける身体拘束の実態を中心として，当事者や支援者が精神科医療のあり方について訴えている。しかしながら，人権意識の高い人々が外側からいくら呼びかけをおこなったとしても，実際に当事者に関わっている関係者の意識が変わらない限り，日本における精神科医療の変革を実現することは難しい。

　ソーシャルワークの価値でもある人権擁護や人間の尊厳の尊重は，精神保健福祉の実践に直結されるべきものであり，それが実現されていないのであれば，どうすれば実現できるのかを考えていくことがソーシャルワーカーの役割にもなる。精神科病院で長期に入院することが人権を尊重している行為だとは考えにくい。だとすれば，ソーシャルワーカーに求められているミクロ・メゾ・マクロレベルでの働きかけは，どのようなものであるべきなのかを考えることが専門性を活かす支援になる。社会資源が少なかった1970年代に地域で活躍していた先輩ソーシャルワーカーたちが，病院から地域への道を開拓していったように，必要性に気づいた者が新たな道を切り拓いていくべきなのではないだろうか。現代のソーシャルワーカーについて，野中（2012）は，支援を提供する側であるソーシャルワーカーがエンパワメントされるべき存在になってしまっていると指摘している。ソーシャルワーカーが希望を失い，最初から支援することを諦めてしまっては道を拓くことはできない。少しでも希望や光があるのであれば，チャレンジし続けることで小さなステップにつながっていくことを忘れてはならない。

　2点目は，精神障害のある人々を地域で支える，包括的なシステムづくりで

終　章　精神障害のある人の生活を豊かなものにするために

ある。精神疾患が背景にある精神障害のある人々を地域で支えていくためには，地域に点在する医療施設や事業所の自助努力による連携だけでは限界があるため，点と点を総合的につなげ，面による支援を展開しているマディソン市やトリエステのような包括的なシステムづくりが求められる。諸外国と比較して，運営主体の殆どが民間団体である日本では，こうしたシステム構築が困難だと考えられている。しかし，マディソン市の実践を例に挙げると，全ての運営主体が公的機関ではないにもかかわらず，包括的なシステムが機能している。こうしたシステムを循環させていくためには，核となる機関が組織的に働きかけをおこなっていかなくてはならない。そのために，小規模な自治体単位で機能させることが難しければ，どの範囲であればシステム作りが可能なのかを検討し，地域の中に何が必要なのかを考え，共通の目標と理念のもとに取り組んでいくべきである。こうした点からも，2017 年度より開始されている精神障害にも対応した，地域包括ケアシステムの構築が期待されている。

　さらに，障害者総合支援法が成立し，地域で生活するために必要な支援体制は充実してきたが，精神保健福祉分野における早期介入や危機介入といったアウトリーチを中核においた支援は日本ではまだ浸透していない。病院へ出向かないと受けられない治療，事業所へ行かないと受けられない支援だけではなく，システムとしてのアウトリーチを浸透させていく必要性がある。日本でも一部の地域で包括型地域生活支援プログラム（ACT）がその役割を担っているが，その数は限られており，当事者が利用したくても難しいのが現状である。マディソン市のように，ピアカウンセラーとソーシャルワーカーがチームを組んで訪問をおこなう方法や，メリデン版訪問家族支援のように，トレーニングを受けた支援者が精神障害のある人を含めた家族への介入をおこなう方法のように，医療関係者以外のトレーニングを受けた人々もシステムの一部として含めていくことを検討すべきである。病状が不安定だからと，すぐに病院を頼るのではなく，地域の中でも病状の安定を図る試みをおこない，不必要な入院を回避することも地域生活支援の重要な要素になり得るのではないだろうか。

　3 点目は，ノーマライゼーションを具現化する実践である。ノーマライゼー

ションは現代社会の中で広く用いられるようになり，社会福祉に携わる人以外でも，少なくとも耳にはしたことはある言葉になっている。しかしながら，これらの理念は言葉が独り歩きする傾向があり，その意味を正確に捉え，日本の社会文化的な環境の中で具現化する実践がどのようなものなのかを理解することは難しい。ノーマライゼーションとして，地域の中でハンディキャップのない人と同じような生活が送れるようにするということは，生活に自由を手に入れるということである。いくら地域にあるグループホームで生活していても，その生活に多くの制限を設け，自己決定を妨げてしてしまうと病院と同じになってしまうため，本当の意味での地域生活とはいえない。地域で生活するということは，好きな時間に帰宅し，好きな時に食事をとり，好きな時間に寝て，好きな時に友人を招くという自己決定権がもたらされるはずである。一方で，福祉サービスとしてサービスを提供している限り，保護的な環境の中で規則正しい生活をしてもらわなければならないという考え方になってしまうことも理解できる。日本にある精神障害のある人々のグループホームの中で，入居者の友人や家族が世話人や家族の許可なく出入りできる事業所はどれだけあるのだろうか。事業所は，一定の責任があるので，制限を設けることで危険を回避するための方法を考えてしまうのは必然なのであろう。

　しかし，本文で取り上げた北欧のグループホームも日本と同じように補助金で運営される福祉サービスであるにもかかわらず，そこに生活している人々はハンディキャップのない人々と同じように自己決定が尊重される生活を送り，地域生活者としての自由を手に入れている。また，近年アメリカで広まっている「ハウジングファースト」といわれる重度の精神疾患のある路上生活者を支援するプログラムも福祉サービスでありながら，居住支援を中心に当事者が自由に生活できる空間を提供している（Padgett et al. 2015）。これらのプログラムは，制限がないために危険に晒されているかといえば，そういった事実は見受けられない。北海道の浦河べてるの家の実践でもみられるように，地域で生活することにより，生きるための苦労を経験し，生活の中で起こる全てのことを必要不可欠な要素だと考える視点が地域生活支援の中で求められている。入居

終　章　精神障害のある人の生活を豊かなものにするために

者のちからを信じ，時には誤った自己決定をすることで失敗したとしても，それも生きていくプロセスの一部だと考え，支援することも本来の意味でのノーマライゼーションだと考えられる。

　4点目は，社会文化的な背景から生まれた，日本ならではの地域生活支援の形である。本書では，これまで様々な地域における精神保健福祉を取り上げてきた。あたりまえのことではあるが，それぞれの地域にはそれぞれの地域に応じた特性や考え方があり，それらに影響を受けながら実践が展開されていることがわかる。日本においても例外ではなく，歴史，そして社会文化的な影響を受けて現在の精神保健福祉が成り立っている。こうした背景を分析した日本の実践が共生型地域生活支援であり，共生型の概念については，本書の後半でも取り上げた。家族や集団を基盤とした実践の視点や当事者と共に人生を歩んでいく実践の視点は，他国の地域では見られない独自性がある。また，こうした実践が展開されている地域に点在する小規模な事業所も日本ならではの実践の特徴といえる。顔の見える環境の中で構築される共生型の人間関係やその関係性の深さは，事業所の規模が理由なのか，日本人の特質が理由なのか，個人の性格が理由なのかは研究では実証することは極めて難しい。ところが，そこには確実に諸外国では見られない，何かが存在しているのは事実である。当事者同士，職員と当事者，職員同士，そしてボランティアの人々や地域の人々が入り混じった相互関係の中で，立場や年齢を超えてお互いに配慮し合う様子は，他国の文化からすれば風変りなものに見えるかもしれない。しかし，こうした場を自然につくることができる文化ならではの支援が，日本では展開されている。

　さらに，こうした人と人とのつながりを大切にする日本ならではの特質があるからこそ，日本の実践では地域の人々とつながるきっかけづくりを積極的におこなうちからがある。このちからこそが精神障害のある人々の理解を深め，地域の中に包摂していくソーシャルインクルージョンを実現し得るのだと考えられる。その具体的な例として，愛知県日進市の「ゆったり工房」では，1996年の開所当初からこれまでの24年間，地域であじさいコンサートを開催し，

毎年1,000人近くの人々を動員している。あじさいコンサートは，事業所の職員，利用者，家族，ボランティアだけではなく，地域の人々が積極的に関わり，一人ひとりの想いを大切にしながら共にステージを創りあげていく。コンサートを運営するというプロセスを通じて，利用者としてではなく，地域で生活する人として，人と人との関係性を構築している。さらに，日進市立図書館内で運営しているカフェでは，利用者が地域の中でごくあたりまえに仕事をする姿がみられ，精神障害のある人々も地域の一員として，生活者として精一杯生きているというメッセージを発信し続けている。こうした事業所が主体となる地域活動は，日本各地でおこなわれており，精神障害のある人々に対する理解を深め，共に生きる社会づくりに貢献している。福祉サービスに限定しない地域活動に取り組む日本の実践者たちは，誰もが社会の一員になるための支援，すなわちソーシャルインクルージョンの実践をごく自然に展開するちからを持っているといえる。

### 今後の課題

　精神保健福祉に関する地域生活支援の検討から，残された課題を以下の4点にまとめる。

　第1に，本研究では精神障害のある人々を対象とした居住と日中活動に焦点をあて，これら2つの視点から包括的に捉えることで地域生活支援についての検討を試みた。居住の視点では，グループホームでの支援をフィールドとして捉え，3つの異なる調査の分析をおこなった。しかしながら，調査の対象としたグループホームの対象者数や地域は限定されており，調査結果の普遍化には大規模な調査が求められる。今後は，居住支援をテーマとして都市部や中山間部など，地域性を考慮した調査デザインを検討し，複数のグループホームを対象としてグループホームにおける具体的な運営方法と支援内容に関する調査をおこないたい。さらに，日中活動の視点では，モデルとしての信頼性が高いクラブハウスモデルを主体としたため，他のモデルの検討をおこなうことはできなかった。こうした点から，一つのモデルに限定することなく，複数の日中活

終　章　精神障害のある人の生活を豊かなものにするために

動支援モデルを対象とすることで，より総合的な地域生活支援における視点を
導き出すことを試みたい。

　第2に，本研究の題材としたニューヨーク市のクラブハウスは，アメリカの
中でも大都市に位置しており，利用者やスタッフを含め，多民族・多文化出身
者が多く含まれていた。したがって，調査対象とした人々の民族的・文化的背
景として，ヨーロッパ系アメリカ人のみへの偏りはさほどみられなかった。一
方で，今回の調査がアメリカで生活する多様な文化を背景に持つ人々全てを意
味しているわけではないため，より多くの地域における実践を調査し，できる
だけ多くの異なる文化的背景を持つ人々を含んだ調査をおこなうことが求めら
れている。

　第3に，精神保健福祉におけるアメリカと日本の特質として導き出した「主
体型地域生活支援」と「共生型地域生活支援」は，発展段階にある日本の地域
生活支援の新たな視点としての可能性があると考えられる。一方で，これらの
視点をどのように実践として展開すべきなのか，具体的な実践に置き換えて支
援を展開する方法論についての言及をおこなうまでには至らなかった。「共生
型地域生活支援」を一つの地域生活支援モデルとして具現化し，さらにその効
果について検証することで，本研究の意義をさらに深めることができると考え
られる。

　第4に，アメリカと日本の相違点を通して得た知見から，今後の地域生活支
援が目指す方向性としての充分な提言がおこなえなかった点である。それは，
日本に対する提言だけではなくアメリカに対しても同じことがいえる。今後の
日本の地域生活支援において，アメリカの地域生活支援の特質をどのように捉
え，日本の支援の視点に取り入れるべきなのかという判断をすること，そして
取り入れるのであれば，どのような方法でおこなうことができるのかという点
を深めることによって，地域生活支援を次の段階へ導くことが可能になると考
えられる。

　これらの課題は，今後も精神保健福祉における地域生活支援をテーマとして
研究を継続したいと考えている筆者にとっての新たな研究計画でもある。一人

でも多くの精神障害のある人々の生活が，少しでも豊かなものに近づくことができる地域ケアの実現に向けて，研究者として，実践者として，教育者として精神障害のある人々の支援に携わり続けたい。

# 文献一覧

AA Services (2007) *Alcoholics Anonymous : Big Book*, Alcoholics Anonymous World Services.

Abramovitz, M. (1996) *Regulating the Lives of Women : Social Welfare Policy from Colonial Times to the Present (Revised ed.)*, Boston : South End Press.

愛知県（2015）「精神障害者地域移行支援の取り組みについて」(https://www.pref. aichi.jp/uploaded/attachment/54053.pdf, 2018.9.28)。

Anderson, B. S. (1998) *We Are Not Alone : Fountain House and the Development of Clubhouse Culture*, Fountain House Inc.

安西信雄（2007）「精神科長期入院患者の地域生活支援への移行促進のために何が必要か退院促進研究班の研究から」『日本精神科病院協会雑誌』26(3)，10-14。

Anthony, W. A. (1993) Recovery from Mental Illness : The Guiding Visison of the Mental Health Service System in the 1990s, *Psychosocial Rehabilitation Journal*, 14(4), 11-23.

Bassuk, E. L. (1978) Deinstitutionalization and Mental Health Services, *Scientific American*, 238(2), 46-53.

Beard, H. J. (1957) Aspects of Social Rehabilitation, *Paper presented at the Seventh Annual Meeting of the National Association of Mental Health*, Atlantic City, New Jersey.

Beard, H. J., Pitt, R. B., Fisher, S. H. et al. (1963) Evaluating the Effectiveness of a Psychiatric Rehabilitation Program, *American Journal of Orthopsychiatry*, 33(4), 701-712.

Beard, H. J., Propst, R. N., and Malamud, T. J. (1982) The Fountain House Model of Psychiatric Rehabilitation, *Psychosocial Rehabilitation Journal*, 5(1), 1-13.

Belknap, I. (1956) *Human Problems of a State Mental Hospital*, McGraw-Hill.

Biegel, E. D., Tracy, M. E., and Corvo, N. K. (1994) Strengthen Social Networks : Intervention Strategies for Mental Health Case Managers, *Health and Social Work*, 19, 206-215.

Boulard, G. (2000) Forgotten patients : The mentally ill : Thousands of people suffer some form of mental illness that insurance doesn't cover some states are trying to change that, *State Legislatures*, 26(4), 13-17.

California Department of Mental Health (2011) "Service and Programs" (http://www. dmh.ca.gov/default.asp, 2011.9.10).

Capps, D. (2008) Mental illness, religion, and the rational mind : The case of Clifford W. Beers, *Mental Health*, Religion Culture, 12(2), 157-174.

Charmaz, K. (2006) *Constructing Grounded Theory : A Practical Guide Through Qualitative Analysis*, Thousand Oaks, CA : Sage.

地域精神保健福祉機構 (2011)「リカバリー全国フォーラム 2011」(http://www.japsw. or.jp/ugoki/kensyu/3.html, 2011.8.2)。

Clemmitt, M. (2009) Treating Depression, *CQ Researcher*, 19(24), 573-596.

Clubhouse International (2018) "Clubhouse Directory" (https://clubhouse-intl.org/what -we-do/international-directory/, 2018.10.7).

Clubhouse International (2018) "Clubhouse International" (https://clubhouse-intl.org/, 2018.10.7).

Copeland, M. (1997) *Wellness Recovery Action Plan*, Peach Press.

Copeland, M. (2002) Wellness Recovery Action Plan, *Occupational Therapy in Mental Health*, 17(3-4), 127-150.

Cornachio, D. (1999) Changes in Mental Care, *New York Times*, January 3.

Creswell, W. J. (2012) *Qualitative Inquiry and Research Design, Choosing among Five Approaches*, Thousand Oaks, Sage.

Dain, N. (1971) The first century of Eastern State Hopsital in Williamsburg, *Disordered Mind*, 1766-1866.

Dain, N. (1980) *Clifford, W. Beers - Advocate for the Insane*, University of Pittsburgh Press.

Denzin, N. K. and Lincoln, S. Y. (eds.) (2005) *The SAGE Handbook of Qualitative Research*, Sage Publications, Inc.

Dipartimento di Salute Mentale di Trieste (2004) *La Guida ai Servizi di Salute Mentale.* (=2006, 小山昭夫訳『トリエステ精神保健サービスガイド，精神病院のない社会へ向かって』現代企画室。)

Donmoyer, R. (1990) Generaliability and the single-case study, In Eisner, E. W. and A. Peshkin (eds.) *Qualitative inquiry in education : The continuing debate*, New York : Teachers College Press, 175-200.

道明章乃・大島巌 (2011)「精神障害者退院支援プログラムの成果モデル形成に向けた『成果的援助要素』の検討──全国 18 事業所における 1 年間の試行的介入評価研究の結果から」『社会福祉学』52(2)，107-120。

Emmons, B. (1946) We Are Not Alone, *Liberty*, September 28, 20.

遠藤悦子（2003）「ソーシャルワークと文化の問題——『自己決定』と『世間』をめぐって」山崎美貴子・遠藤興一・北川清一編『社会福祉援助活動のパラダイム』相川書房，61-78。

Esping-Andersen, G. (1990) *The Three Worlds of Welfare Capitalism*, Polity Press.（＝2001，岡沢憲芙・宮本太郎監訳『福祉資本主義の三つの世界』ミネルヴァ書房。）

Fisher, S. H., Beard, J. H., and Goertzel, V. (1960) Rehabilitation of the Mental Hospital Patient : The Fountain House Programme, *International Journal Psychiatry*, 5 (4), 295-298.

Flannery, M. and Glickman, M. (1996) *Fountain House : Portraits of Lives Reclaimed from Mental Illness*, Minnesota : Hazelden.

Fountain House (2011) "Fountain House Annual Report 2010" (http://www.fountain house.org/sites/default/files/2010%20FH%20Annual%20Report.pdf, 2011.10.30).

Frank, R. G. and Glied, S. (2006) *Better But Not Well*, Baltimore : John Hopkins.

藤井達也（2004）『精神障害者地域支援研究』学文社。

福島喜代子・北川清一・久保美紀・相沢謙治（2004）『ソーシャルワークにおける SST の方法（ソーシャルワークスキルシリーズ）』相川書房。

外務省（2016）「障害者の権利に関する条約」(http://www.mofa.go.jp/mofaj/gaiko/treaty/shomei_32.html, 2011.8.8)。

Glaser, B. G. and Strauss, A. L. (1967) *The discovery of grounded theory : Strategies for qualitative research*, Chicago : Aldine.

Glasscot, M. R., Cumming, E., Rutman, D. I. et al. (1971) *Rehabilitating the Mentally Ill in the Community*, Washington D. C. : The Joint Information Service of the American Psychiatric Association and the National Association for Mental Health.

Goertzel, V., Beard, J. H., and Pilnick, S. (1960) Fountain House Foundation : Case Study of an Expatient's Club, *Journal of Social Issues*, 16 (2), 54-61.

Goldman, H. (1993) Beers, Clifford, W., *The American Journal of Psychiatry*, 150 (10), 1535.

Grob, G. (1991) *From Asylum to Community*, Princeton, N. J.: Princeton University Press.

Grob, G. and Goldman, H. (2006) *The Dilemma of Federal Mental Health Policy : Radical Reform or Incremental Change ?*, Rutgers University Press.

Gutierrez, L. M. (1990) Working with Women of Color : An Empowerment Perspective, *Social Work*, 35 (2), 149-153.

Gutierrez, L. M. (2003) Empowerment in Social Work Practice, *A Sourcebook*, Wadsworth Publishing Company, Inc..

花村春樹訳著 (1998)『「ノーマリゼーションの父」N・E・バンク-ミケルセン』ミネルヴァ書房。

長谷川憲一・小川一夫・伊勢田堯 (1999)「イギリスのコミュニティチームの実際活動」『精神障害とリハビリテーション』3(2), 141-144。

橋本明編 (2010)『治療の場所と精神医療史』日本評論社。

平澤恵美 (2014)「マディソンモデルにおけるヤハラハウスの役割——当事者のナラティブから見えてきたこと」『同朋福祉』21(43), 75-90。

International Center for Clubhouse Development (2009a) Annual Report 2009, ICCD.

International Center for Clubhouse Development (2009b) "ICCD History" (http://www.iccd.org/history.html, 2011.3.10).

International Center for Clubhouse Development (2010) "International Standards for Clubhouse Programs" (http://www.iccd.org/quality.html, 2011.8.20).

伊勢田堯・小川一夫・百渓陽三編 (2002)『みんなで進める精神科リハビリテーション』星和書店。

石田晋司 (2013)「スウェーデンにおける精神障害者支援から考える日本の精神障害者地域生活支援の在り方」『海外社会保障研究』182, 30-38。

石川かおり・葛谷玲子 (2012)「イタリアにおける地域精神保健医療システム」『岐阜県立看護大学紀要』12(1), 85-92。

板橋さゆり (2002)「ソーシャルワーク分野におけるエンパワメントの概念の起源を辿る——B. Solomon の Black Empowerment : Social Work in Oppressed Communities について」『社会福祉学』26, 1-16。

伊藤哲寛 (2008)「精神科医療に関する基礎資料——精神科医療の向上を願って」(http://www.kansatuhou.net/10_shiryoshu/07_01_shiryou_seisin.html, 2011.8.10)。

Jackson, R. L. (2001) *The Clubhouse Model : Empowering Applications of theory to Generalist Practice*, Belmont : Wadsworth/Thomson Learning.

Jencks, C. (1994) *The Homeless*, Cambridge : Harvard University Press.

柏木昭編 (2003)『新精神医学ソーシャルワーク』岩崎学術出版社。

加藤あけみ (2012)「日本における精神障害者の就労に関する一試論——障害者就労施策の経緯を踏まえて」『静岡福祉大学紀要』8, 1-10。

河東田博 (2008)「ノーマライゼーション理念を具現化するとは」『社会福祉学評論』8, 29-35。

河東田博・橋本由紀子・杉田穏子・和泉とみ代訳編 (2004)『ノーマライゼーションの

原理――普遍化と社会変革を求めて』現代書館。

Kennedy, F. (1963) *Mental illness and mental retardation*, House of Representatives, 88th Congress, 1st Session, Document No. 58.

木村真理子（1999）「病院と地域における他職種からなるメンタルヘルスチーム」『精神保健福祉』30(1), 42-49。

木村真理子（2000）「重症の精神病を持つ人々を支える地域を拠点とした包括的な治療モデル。マディソンモデル――ウィスコンシン州デーン郡の『PACT』と『デーン郡精神保健センター』のサービスシステム」『響き合う街で』51, 64-78。

木下康二（2003）『グラウンデッド・セオリー・アプローチの実践――質的研究への誘い』弘文堂。

古閑裕人（1999）「日本人の文化とソーシャルワーク――受け身的な対人関係における『主体性』の把握」『社会福祉学』40(1), 113-149。

古閑裕人（2005）「日本のソーシャルワークにおける文化的基盤――『世間』に生きる日本の『個人』への視点」『評論・社会科学』77, 43-63。

国立社会保障・人口問題研究所（2005）「第13回出生動向基本調査――結婚と出産に関する全国調査」(http://www.ipss.go.jp/ps-doukou/j/doukou13_s/Nfs13doukou_s.pdf, 2011.9.15)。

国際連合広報センター（2011）「世界人権宣言」(http://unic.or.jp/information/universal_declaration_of_human_rights_japanese/, 2011.8.10)。

小松源助（1995）「ソーシャルワーク実践におけるエンパワメント・アプローチの動向と課題」『ソーシャルワーク研究』21(2), 76-82。

近藤浩子・岩崎弥生（2008）「慢性精神障害者の退院を支援するグループ・アプローチに関する研究」『千葉看護学会誌』14(1), 44-52。

香田真希子・中原さとみ・坂本大樹（2008）「リカバリー志向への人材育成」『精神障害とリハビリテーション』12(1), 95-100。

厚生省（1996）「障害者プランの策定」(http://www.mhlw.go.jp/toukei-hakusho/hakusho/kousei/1996/dl/06.pdf, 2011.3.10)。

厚生省（1999）「精神保健福祉施策の見直し」(http://www.mhlw.go.jp/toukei-hakusho/hakusho/kousei/1999/dl/10.pdf, 2011.3.10)。

厚生労働省（2002）「新障害者基本計画及び重点施策実施5か年計画（新障害者プラン）について」(http://www.mhlw.go.jp/topics/2003/bukyoku/syougai/j1.html, 2011.6.6)。

厚生労働省（2004）「精神障害者の地域生活支援の在りかたに関する検討会」(http://www.mhlw.go.jp/shingi/2004/08/s0806-4.html, 2011.3.10)。

厚生労働省（2004）「精神保健医療福祉の改革ビジョンについて」（http://www.mhlw.go.jp/topics/2004/09/tp0902-1.html, 2011.3.10）。

厚生労働省（2005）「障害者自立支援法」（http://www.mhlw.go.jp/topics/2005/02/tp0214-1.html, 2011.3.10）。

厚生労働省（2006）「新障害者基本計画及び重点施策実施5か年計画（新障害者プラン）について」（http://www.mhlw.go.jp/topics/2003/bukyoku/syougai/j1.html, 2011.3.10）。

厚生労働省（2008）「今後の精神保健医療福祉のあり方に関する検討会」（http://www.mhlw.go.jp/shingi/2008/05/dl/s0501-3a.pdf, 2011.9.11）。

厚生労働省（2009）「精神保健医療福祉の更なる改革に向けて」（https://www.mhlw.go.jp/shingi/2009/09/s0924-2.html, 2014.12.20）。

厚生労働省（2010）「精神障害者地域移行・地域定着支援事業実施要項」（https://www.mhlw.go.jp/bunya/shougaihoken/service/dl/chiikiikou_01.pdf, 2013.10.10）。

厚生労働省（2010）「地域定着支援の手引き」（https://www.mhlw.go.jp/kokoro/docs/nation_area_01.pdf, 2013.10.10）。

厚生労働省（2011）「精神病床数の推移（OECD）」（http://www.mhlw.go.jp/shingi/2002/01/s0128-7o.html, 2011.8.2）。

厚生労働省（2011）「新たな地域精神保健医療体制の構築に向けた検討チーム」（http://www.mhlw.go.jp/stf/shingi/2r9852000001nyoe.html, 2011.8.2）。

厚生労働省（2013）「障害者の地域生活の推進に関する検討会」（http://www.mhlw.go.jp/stf/shingi/other-shougai.html?tid＝141325, 2015.10.30）。

厚生労働省（2015）「精神保健福祉行政について──改正精神保健福祉法と長期入院精神障害者の地域移行」（http://www.mhlw.go.jp/file/05-Shingikai.../0000062672.pdf, 2016.3.1）。

厚生省保健医療局（2001）「精神障害者地域生活支援センター」（http://www005.upp.so-net.ne.jp/smtm/page0901.htm, 2011.9.10）。

小山昭夫（2007）「コミュニティ精神科医療サービス実現のために必要な条件──イタリア・トリエステ精神保健サービスから」『臨床精神医学』36(2), 183-187。

Koyanagi, C. and Goldman, H. (1991) The Quiet Success of the National Plan for the Chronically Mentally Ill, *Hospital & Community Psychiatry*, 42, 899-905.

久保紘章・副田あけみ編著（2005）『ソーシャルワークの実践モデル──心理社会的アプローチからナラティブまで』川島書店。

久保美紀（1995）「ソーシャルワークにおける Empowerment の概念の検討」『ソーシャルワーク研究』21(2), 93-99。

久保美紀（2007）「障害者自立支援法とエンパワメントソーシャルワーク──ケアマネジメントをめぐって」『ソーシャルワーク研究』33(2)，36-43。

國方弘子・三野善央（2003）「統合失調症患者の生活の質(QOL)に関する文献的考察」『日本公衆衛生雑誌』50(5)，377-388。

國方弘子・中嶋和夫・沼本健二（2008）「統合失調症者，精神障害者家族会会員，一般住民の Quality of Life の比較」『日本保健科学学会誌』10(4)，249-255。

國方弘子・中山朝子・本田政憲・本田圭子・川口郁代（2010）「デンマークの精神保健医療福祉と日本における精神看護実践の課題と展望」『香川県保健医療大学雑誌』1，55-64。

共同作業所全国連絡会（1987）『ひろがれ共同作業所』ぶどう社。

きょうされん（2007）『精神障害者地域生活支援推進セミナー──要綱・資料集』。

LeCount, D.（2006）（＝2006，木村真理子・大山勉・久永文恵訳「マディソンモデル──地域におけるトリートメントに重点を置くこと」）(http://www.yuki-enishi.com/psychiatry/psychiatry-12-3.pdf, 2014.11.20)。

LeCount, D.（2013）（＝2013，久永文恵「マディソンモデル　地域基盤の支援を通して人間の潜在的な可能性を最大限に伸ばすこと」『第57回精神保健北海道大会記録集』20-29)。

Leong, T. F.（1986）Counseling and Psychotherapy with Asian-Americans : Review of the literature, *Journal of Counseling Psychology*, 33(2), 196-206.

Levine, M.（1981）*The History and Politics of Community Mental Health*, Oxford University Press.

Liberman, P. R., Derisi, J. W., and Mueser, T. K.（1989）*Social Skills Training for Psychiatric Patient*, Allyn & Bacon.

Lilly（2011）「患者さん支援」(https://www.schizophrenia.co.jp/support/index.aspx, 2011.10.30)。

町野朔（2004）『精神医療と心神喪失者等医療観察法』有斐閣。

Macias, C., Jackson, R., Schroeder, C. et al.（1999）What is a Clubhouse ? Report on the ICCD 1996 Survey of USA Clubhouses, *Community Mental Health Journal*, 35(2), 181-190.

前田ケイ・安西信雄（2008）『本人・家族のための SST 実践ガイド』日本評論社。

前田信雄（2003）「アメリカのケースマネジメント」『月刊ケアマネジメント』10，54-55。

松永宏子（1967）「精神障害者の社会復帰──デイ・ケアセンターに関する報告」『社会福祉学研究』36-48。

松嶋健（2011）「フランコ・バザーリアとイタリアの精神改革」『社会情報』21(1),
　63-96。

松下正明編（1999）『臨床精神医学講座』中山書店。

McKibbon, K. and Gadd, C. (2004) A Qualitative Analysis of Qualitative Studies in
　Clinical Journal for the 2000 Publishing Year, *BMC Medical Informatics and Decision
　Making*, 4(1), 11-20.

Mechamic, D. (2011) Behavioral Health and Health Care Reform, *Journal of Health
　Politics, Policy and Law*, 36(3), 527-531.

Mental Health America of Los Angeles (2011) "History" (http://mhavillage.org/his-
　tory_printable.html, 2011.8.12).

Mezzina, R. (2000) "The Trieste Mental Health Department, facilities, services, and
　programs" (http://www.triestesalutementale.it/english/doc/mezzina_2000_trieste-
　mhd.pdf, 2013.5.15).

Mezzina, R. (2010) New Hopes : The experience in Trieste and the critical innovations in
　mental health worldwide, *IMHCN = IAN Conference（Belgrade）*.

道場弘幸（2008）「アメリカの地域精神障害者社会復帰システムについて──ビレッジ
　の取組」『厚生保護と犯罪予防』150, 84-93。

Miloslovsky, G. (1949) George Miloslovsky to Elizabeth Schermerhorn, *Clubhouse
　Culture Archives*, January 24, 1949.

水野雅文（2002）「イタリアの精神科医療の歴史と課題」『社会福祉研究』84, 110-113。

Mosher, L. and Burti, L. (1989) *Community Mental Health : Principle and Practice*, New
　York : W. W. Norton & Company.

Mowbray, C. T., Woodward, A. T., Holter, M. C. et al. (2009) Characteristics of users of
　consumer-run drop-in centers versus Clubhouses, *Journal of Behavioral Health
　Services and Research*, 36(3), 361-371.

向谷地生良（2001）「べてるの家の実践に学ぶ suffering と well-being」『日本保健医療
　行動科学会年報』16, 16-23。

向谷地生良（2002）「生きる苦労を取り戻す」『精神障害とリハビリテーション』6(1),
　29-33。

向谷地生良（2005）「当事者の力とインクルージョン──浦河べてるの家での取り組み
　から」『ソーシャルワーク研究』30(4), 34-41。

向谷地生良（2006）『「べてるの家」から吹く風』いのちのことば社。

向谷地生良・浦河べてるの家（2006）『安心して絶望できる人生』日本放送出版協会。

内閣府（2011）「障害者施策」(http://www8.cao.go.jp/shougai/index.html, 2011.8.8)。

文献一覧

内閣府（2018）『平成 30 年版障害者白書』勝美印刷。

中根千枝（1967）『タテ社会の人間関係』講談社。

中根允文（2006）「精神障害者における QOL」『長崎国際大学論叢』6，153-159。

中根允文・田崎美弥子・宮岡悦良（1999）「一般人口における QOL スコアの分布——
WHOQOL を利用して」『医療と社会』9(1)，123-131。

National Alliance on Mental Illness : NAMI (2011) "About NAMI" (http://www.nami.
org/template.cfm?section = About_NAMI, 2011.4.3).

New York Times (2010) *Financing Pinch and Moving In With Mom and Dad*, March 21,
2010.

日本クラブハウス連合（2011）『クラブハウスモデルの理解と普及に向けた基礎的研修
会』日本クラブハウス連合。

日本クラブハウス連合（2011）『クラブハウスモデルの理解と普及に向けた基礎的研修
会：補足資料集』日本クラブハウス連合。

日本精神保健福祉士協会（2007）『精神障害者の退院促進支援事業の手引き』日本精神
保健福祉士協会。

日本精神保健福祉士協会（2008）『精神障害者の地域移行支援——事例調査報告からみ
る取り組みのポイント』日本精神保健福祉士協会。

日本精神保健福祉士協会（2011）「生涯研修」（http://www.japsw.or.jp/ugoki/kensyu/
3.html, 2011.8.2）。

野口定久（2008）『地域福祉論——政策・実践・技術の体系』ミネルヴァ書房。

野村武夫（2004）『ノーマライゼーションが生まれた国・デンマーク』ミネルヴァ書房。

野中猛（2000）「地域精神保健とケースマネジメント」伊藤克彦・川田誉音・水野信義
編『心の障害と精神保健福祉』ミネルヴァ書房，40-52。

野中猛（2002）「精神科リハビリテーションにおける最近のトピックス——ケースマネ
ジメント」『臨床精神医学』31(1)，57-61。

野中猛（2003）『図説・精神障害リハビリテーション』中法法規出版。

野中猛（2005）「リカバリー概念の意義」『精神医学』47(9)，952-961。

野中猛（2011）『図説・リカバリー』中央法規出版。

野中猛（2012）『心の病 回復への道』岩波書店。

Nonaka, T. and Hirasawa, E. (2012) A Community Mental Health Support System for
Peopole with Mental Illness in Japan, *International Journal of Mental Health*, 41(2),
19-28.

OECD (2014) "Mental Health Systems in OECD Countries" (http://www.oecd.org/
health/mental-health.htm, 2015.10.30).

OECD（2016）OECD Health Statistics 2016.（＝2016，前田由美子『医療関連データの国際比較』日本医師会総合政策研究機構。）

OECD Health Data（2012）OECD Health Data.（＝2012，厚生労働省『精神障害者に対する医療の提供を確保するための指針等に関する検討会』。）

Office of Mental Health（2011）"New York States Office of Mental Health"（http://www.omh.ny.gov/index.html, 2011.9.20）.

岡田靖雄（1982）『呉秀三――その生涯と業績』思文閣出版。

岡田靖雄（2002）『日本精神科医療史』医学書院。

大橋謙策（2005）「わが国におけるソーシャルワークの理論化を求めて」『ソーシャルワーク研究』31(1)，4-19。

大熊一夫（2009）『精神病院を捨てたイタリア捨てない日本』岩波書店。

大野喜朗（2008）「イギリス精神保健の脱入院化への転換過程と精神保健ソーシャルワーク」『日本福祉大学社会福祉論集』119，125-157。

大島巌編（2004）『ACT・ケアマネジメント・ホームヘルプサービス――精神障害者地域生活支援の新デザイン』精神看護出版。

大谷實（2010）『精神保健福祉法講義』成文堂。

尾関周二（2002）「共生理念の探求と現代」吉田傑俊・尾関周二・大崇道編『「共生」思想の探求――アジアの視点から』青木書店。

尾関周二（2007）『環境思想と人間学の革新』青木書店。

Padgett, D. K.（2008）*Qualitative Methods in Social Work Research*, Sage Publications, Inc..

Padgett, D., Henwood, B., and Tsemberis, S.（2015）*Housing First*, Oxford University Press.

Patton, M. Q.（2002）*Qualitative Research and Evaluation Methods*（3rd ed.），Thousand Oaks, CA：Sage.

Pedersen, B. P., Draguns, G. J., Lonner, J. W., and Trimble, E. J.（2002）*Counseling Across Cultures*, Sage Publications, Inc..

Ragin, M.（2002）*A Road to Recovery*, Mental Health Association in Los Angeles County.（＝2005，前田ケイ監訳『ビレッジから学ぶリカバリーへの道』金剛出版。）

Richmond, E. M.（1917）*Social Diagnosis*, New York：Russell Sage Foundation.

Sackett, L. D.（1997）Evidence-based Medicine, *Seminars in Perinatology*, 21(1), 3-5.

Sackett, L. D., Rosenberg, W., Gray, M., Haynes, B., and Richardson, W.（1996）Evidence based medicine：What is it and what is it isn't, *British Medical Journal*, 312, 71-72.

戈木クレイグヒル滋子編著（2005）『質的研究方法ゼミナール――グラウンデッドセオ

リーアプローチを学ぶ』医学書院。

戈木クレイグヒル滋子（2006）『グラウンデッド・セオリー・アプローチ――現象をとらえる』新曜社。

戈木クレイグヒル滋子（2008）『グラウンデッド・セオリー・アプローチ――理論を生み出すまで』新曜社。

戈木クレイグヒル滋子（2010）『グラウンデッド・セオリー・アプローチ――実践ワークブック』日本看護協会出版。

坂口緑（2011）「デンマーク・ボランタリーセクターの現在――『共同責任』と『生活の質』」『明治学院大学研究所年報』41，47-63。

坂本明子（2008）「Wellness Recovery Action Plan――元気回復行動プランから学ぶ」『精神障害とリハビリテーション』12(1)，45-49。

坂本洋一（2008）『図説　よくわかる障害者自立支援法』中央法規出版。

SAMHSAs National Registry of Evidenced-based Programs and Practices（2011）（http://www.nrepp.samhsa.gov/ViewAll.aspx. 2011.3.10）.

Scheffler, W.（1979）Mental Health Care, *CQ Researcher*, September 21.

Schmid, Sil（1977）*Freiheit heilt*, Wagenbach.（＝2005，半田文穂訳『自由こそ治療だ』社会評論社。）

Schonebaum, A. D., Boyd, J. K., and Dudek, K. J.（2006）A comparison of competitive employment outcomes for the Clubhouse and PACT models, *Psychiatric Services*, 57(10), 1416-1420.

精神保健福祉行政のあゆみ編集委員会（2001）『精神保健福祉行政のあゆみ――精神衛生法施行五十周年（精神病者監護法施行百周年）記念』中央法規出版。

精神保健福祉白書編集委員会編（2007）『精神保健福祉白書2007　障害者自立支援法――混迷の中の船出』中央法規出版。

精神保健福祉白書編集委員会編（2010）『精神保健福祉白書2011　岐路に立つ精神保健福祉――新たな構築をめざして』中央法規出版。

精神保健福祉研究会（2002）『精神保健福祉法詳解』中央法規出版。

Senterfitt, B. and Farrer, J.（2009）Mental-health legislation in effect for most in 2010, *Managed HealthCare Executive*, 2009.6.1.

嶋田啓一郎・一番ケ瀬康子・仲村優一（1982）「（座談会）国際社会における日本の社会福祉の課題」『社会福祉研究』30。

新福尚隆（2002）「世界の精神保健医療の動向と日本の特色（特集　世界の精神医療の動向と日本の現状）」『日本精神科病院協会雑誌』21(12)，1227-1231。

新福尚隆・浅井邦彦（2009）『世界の精神保健医療』へるす出版。

障害者制度改革推進会議（2010）「障害者制度改革推進会議報告書」。

Shorter, E. (1997) *A History of Psychiatry*, John Wiley & Sons, Inc. (＝1999, 木村定監訳『精神医学の歴史——隔離の時代から薬物治療の時代まで』青土社。)

Social Security Administration (2008) "Social Security Programs Throughout the World : Europe" (http://www.socialseculity.gov/policy/docs/progdesc/ssptw/2008-2009/europe/index, 2015.10.30).

Solomon, B. B. (1977) *Black Empowerment : Social Work in Oppressed Communities*, Columbia University Press.

Stein, L. I. (1992) *Innovative Community Mental Health Programs*, San Francisco : Jossey-Bass.

Stein, L. I. and Santos, B. A. (1985) *Asservice Community Treatment of Persons with Severe Mental Illness*, New York : W. W. Norton.

Stein, L. I. and Santos, B. A. (1998) *Assertive Community Treatment of Persons with Severe Mental Illness*, New York : W. W. Norton.

Stein, L. I. and Test, M. A. (1978) *Alternatives to Mental Hospital Treatment*, New York : Plenum Press.

Stein, L. I. and Test, M. A. (1985) *The Training in Community Living Model a Decade of Experience*, San Francisco : Jossey-Bass.

Stephen, A. B. (1998) *We are not alone : Fountain House and the Development of Clubhouse Culture*, Fountain House Inc.

Strauss, A. and Corbin, J. (1990) *Basics of Qualitative Research : Grounded Theory Procedures and Techniques*, Newbury Park, CA : Sage.

Sue, D. W. and Sue, D. (1990) *Counseling the Culturally Different : Theory and Practice*, John Wiley & Sons.

末安民生・樋口眞由美・和田淳一・寺沼古都（2005）「非営利団体による精神障害者の就労支援——クラブハウス方式による過渡的雇用の推進」『心と社会』119, 54-61。

住友雄資（2007）『精神保健福祉士のための地域生活支援活動モデル』金剛出版。

高木俊介（2008）『ACT-Kの挑戦——ACTがひらく精神医療・福祉の未来』批評社。

高木美子（1992）『Fountain House 方式のクラブハウスモデルと過渡的雇用プログラム』障害者職業総合センター。

高柳功・山各駿（2007）『精神保健福祉法の最新知識——歴史と臨床実務』中央法規出版。

滝沢武久（2010）『家族という視点——精神障害者と医療福祉の間から』松籟社。

田中英樹（2005）『精神障害者の地域生活支援』中央法規出版。

谷野亮爾・井上新平・猪俣好正・門屋充郎・末安民生編（2005）『精神保健法から障害者自立支援法まで』精神看護出版。

Tanner, J. (2002) Mental Health Insurance, *CQ Researcher*, 29(12), 265-288.

寺谷隆子（1995）「クラブハウス方式の地域活動」『精神医学』37(1), 33-36。

寺谷隆子（2001）「このまちに生きるもの同士として，まちを共にデザインする」『月刊福祉』84(9), 56-63。

寺谷隆子（2002）「自立生活支援と実践課題――参加奨励の支援システムの形成」『社会福祉研究』84, 41-49。

寺谷隆子（2005）「世界標準と普遍化の参加・協働型地域生活支援モデル――ケアマネジメントサービスのクラブハウスを中心に」『精神保健福祉』36(3), 280-284。

寺谷隆子（2008）『精神障害者の相互支援システムの展開』中央法規出版。

寺谷隆子・大境登志子（1993）「精神障害者の自助活動を基盤とした地域生活の自立支援センター――ソーシャルハウス『JHC サン・マリーナの活動』」『月刊福祉』巻号 96-99。

Torrey, F. (1999) *Out of the Shadows : Confronting America's Mental Illness Crisis*, New York : John Wiley & Sons, Inc.

土屋徹（2009）「マディソンへの道 ACT 発祥の地へ」『精神科看護』36(6), 48-54。

Turner, C. J. and TenHoor, J. W. (1978) The Nimh Community Support Program : Pilot Approach to a Needed Social Reform, *Schizophrenia Bulletin*, 4(3), 319-349.

植田章（2008）「障害者自立支援法による福祉実践の専門性の解体」『佛教大学社会福祉学部論集』4, 1-17。

上田敏（1998）『リハビリテーション』講談社。

University Settlement (2011) "About Us" (http://www.universitysettlement.org/us/about/, 2011.8.1).

浦河べてるの家（2002）『べてるの家の「非」支援論――そのままでいいと思えるための 25 章』医学書院。

U. S. Census Bureau (2005) "America's Families and Living Arrangements : 2005" (http://www.census.gov/population/www/socdemo/hh-fam/cps2005.html, 2011.8.18).

埋橋孝文（2011）『福祉政策の国際動向と日本の選択――ポスト「三つの世界」論』法律文化社。

WANA Society Bulletin (1944) *Clubhouse Culture Archives*, Issue No1. May.

WANA Society Bulletin (1946) *Clubhouse Culture Archives*, Vol. Ⅲ, No1, Spring.

Warriner, R. (2011) Learning from Trieste, *Mental Health Foundation of New Zealand*, 22.

Warner, R., Huxley, P., and Berg, T. (1999) An Evaluation of the Impact of Clubhouse Membership on Quality of Life and Treatment Utilization, *International Journal of Social Work*, 45(4), 310-320.

WHOQOL Group (1994) Development of the WHOQOL : Rationale and Current Status, *International Journal of Mental Health*, 23(3), 24-56.

Wisconsin Peer Specialists (2014) (http://wicps.org/careers.html, 2014.11.20).

World Health Organization (WHO) (2013) *Mental Health Action Plan 2013-2020*, World Health Organzation.（＝2014. 自殺予防総合対策センター『メンタルヘルスアクションプラン 2013-2020』（独）国立精神・神経医療研究センター精神保健研究所自殺予防総合対策センター。）

やどかりの里 (1990)『春はまだ来ないけど――やどかりの里歩み 20 年』やどかり出版。

Yahara House (2014) *2013 Stakeholders Report*, Yahara House.

柳沢康信 (1994)「共生」『日本大百科全書』小学館。

谷中輝雄 (1974)「精神障害者の社会復帰を目ざして――『やどかりの里』の経過を通して（施設リポート）」『月刊福祉』57(11)，42-46。

谷中輝雄 (1979)「社会復帰施設の現場から――やどかりの里の経験」『精神神経学会誌』81(11)，721-725。

谷中輝雄 (1996)『精神障害者生活支援の理論と方法』やどかり出版。

谷中輝雄編 (1997)『地域で生きる――精神障害者の生活と意見』やどかり出版。

谷中輝雄 (2002)「精神障害者福祉の現状と課題――歴史を踏まえて」『社会福祉研究』84，21-27。

谷中輝雄・石川左門・丸地信宏 (1995)『インターフェースの地域ケア――語り合い，響き合い，共に生き，造り合う』やどかり出版。

横川和夫 (2003)『降りていく生き方「べてるの家」が歩む，もうひとつの道』太郎次郎社。

# おわりに


　本書は，2011年度に提出した日本福祉大学大学院社会福祉学博士学位論文「精神保健福祉の地域生活支援に関する日米比較研究——クラブハウスモデルを題材として」をベースに，以下の論文を加筆修正したものである。

① "Community Mental Health Support System for People with Mental Illness in Japan" *International Journal of Mental Health*, 41（2），19-28, 2012.

② 「精神障がいのある人々を対象とした地域生活支援モデルに関する事例研究——ファウンテンハウスの実態調査を通して」『中部社会福祉学研究』4，65-73, 2013.

③ 「精神科長期入院経験者に対するグループホームでの支援プロセスに関する研究」『同朋福祉』2，101-115, 2014.

④ 「バザーリアの理念が精神障がいのある人々の地域実践に及ぼす影響——トリエステにおける地域精神保健医療福祉システムからの示唆」『中京大学現代社会学部紀要』8(2)，75-92, 2015.

⑤ 「マディソンモデルにおけるヤハラハウスの役割——当事者のナラティブからみえてきたこと」『同朋福祉』21，75-90, 2015.

⑥ 「福祉国家における精神障がい者の地域生活支援の位置づけ——デンマークとスウェーデンのプログラム調査から」『同朋大学論叢』100，109-130, 2016.

⑦ 「精神障がいのある人々の生活の質（QOL）に関する研究——Ａ市グループホームからの一考察」『同朋福祉』2，47-60, 2017.

　筆者が初めて精神障害のある人々と出会ったのは，アメリカの大学に在学中，ボランティアとして関わった炊き出し経験の時だった。独りで壁に向かって話

しながら食事をする男性を不思議そうに見つめていた私に，隣にいた同じボランティアの方が「彼は精神疾患があって，幻聴や妄想と話しているのよ」と教えてくれた。あれから精神保健福祉の世界に心を奪われ，気付けば25年以上の年月が経過している。これまでに精神科病院や事業所，そして地域の中で出会った精神障害のある人々から学んだことは数知れず，今でも思い出すと胸が苦しくなるエピソードが数多くある。私が出会ってきた精神障害のある人々の生活がより豊かなものになるように，自分にできることはあるのだろうか。その答えを考え続けながら実践現場に立ち，研究に取り組み，本書はその途中経過をまとめたものである。

　本書を執筆するにあたり，多くの地域で生活する当事者の方々，そして実践者の方々にご協力を頂いた。全ての名前を挙げることはできないが，日本の現場で調査にご協力頂いた団体の皆様，そして筆者が地域の実践として関わり続けている特定非営利活動法人なかよしの小山千ひろ理事長には厚く御礼申し上げたい。また，大学院在学中の1年間を過ごさせて頂いたニューヨークのファウンテンハウスの皆様からは，調査協力だけではなく，活動そのものに参加させて頂いたり，プライベートでも意見をうかがう機会があり，クラブハウスモデルの理解をより深めることができた。また，ニューヨークだけではなく，世界各国のクラブハウスで調査にご協力頂いたことに感謝している。特に一訪問者だった私を快く迎え入れてくださり，長年に渡る調査に協力し，気付けば仲間としていつも温かく接してくださる日本クラブハウス連合の関係者の皆様には心より御礼を申し上げたい。

　また，本の完成にあたり，多くの先生方に励まされながらご指導頂いたことに感謝を申し上げたい。故野中猛先生からは，精神保健福祉の分野で研究をおこなっていく姿勢について学ばせて頂いた。先生の人を大切に想う心と当事者を第一に考える視点からは，自分は何のために研究をおこなっているのかをいつも問われている気がしている。精神障害のある人々の生活を豊かにしたいという情熱を受け継いで，少しでも実践の役に立つような研究を続けたい。

　さらに，大学院から現在まで，ご指導頂いている恩師の野口定久先生は，大

学院博士後期課程進学の相談にうかがって以来，時には厳しく，時には優しく，変わらない情熱を持って研究者としての私を育ててくださった。現場を何よりも大切にしている先生からは，「現場に足を運ぶこと」そして「そこで見られる事象に疑問を持つこと」という研究の中で最も基本的で重要な視点に加え，真摯に現場と向き合う研究者としての姿勢を学ばせて頂いた。先生に巡りあえたことは，生涯の宝としてとても大切に思っている。この場を借りて心から感謝を申し上げたい。

　そして，本書の出版に際しては，未熟な私に根気強く惜しみない助言をしてくださったミネルヴァ書房編集部の北坂恭子氏には大変お世話になった。この度の出版を迎えることができたことに感謝の意を表したい。

　最後に，高校卒業後，無計画に日本を飛び出していった私を信じ続け，これまでの長い学生生活を応援し続けてくれた家族に心から感謝したい。

2019 年 10 月

平澤　恵美

# 索　引

## あ 行

アウトリーチ　38-40, 136, 185
ウェルビーイング　88
エンパワメント　ii, 26, 27, 43, 55, 86, 87, 100,
124, 125, 127, 135, 154, 180, 184

## か 行

家族　140, 141, 143, 149, 150, 153, 155, 157,
161, 162, 164, 165, 167-169, 171, 174, 181,
182
過渡的雇用　36, 45, 114, 118, 121, 123, 137,
140, 164
共生型地域生活支援　165, 169-172, 175, 183,
187, 189
クラブハウス　iv, 36, 52, 59-65, 75, 107-109,
113, 115, 117, 118, 120, 122, 123, 125-131,
134-142, 149, 151, 152, 154, 155, 157-159,
161-164, 167, 172, 173
――国際基準　108, 109, 113, 115, 117-119,
125, 126, 129, 134, 143, 154, 172, 180-182
――モデル　34, 36, 59, 64, 101, 102, 106,
108, 109, 115, 117, 123, 125, 127-129, 136,
139, 146, 153, 154, 157, 161, 172, 173, 177,
180, 188
クラブハウスインターナショナル（CI）
109, 117, 123, 143
グループホーム　iv, 12, 13, 15, 20, 28, 33, 50,
55, 57, 59, 60, 65-71, 73, 74, 76, 77, 79-87, 90,
91, 95-99, 164, 179, 180, 186, 188
ケアマネジメント　ii, 10
ケースマネジメント　38, 68

## さ 行

権利　19, 26, 56, 63, 64, 69-73, 76, 158, 160

自己決定　24, 89, 161, 162, 168, 174, 186, 187
自助グループ　50
主体型地域生活支援　165, 167-169, 175, 183,
189
障害者差別解消法　ii, 177
障害者自立支援法　i, 11, 13, 77, 90, 128
障害者総合支援法　ii, 12, 77, 99, 164, 170,
185
人権　17-19, 24, 27, 28, 30-33, 46, 63, 71, 178,
184
ストレングス　ii, 27, 55, 135
生活の質（QOL）　iv, 32, 49, 86, 88-98, 100,
127, 168, 179, 180
精神衛生法　7, 8
精神保健福祉法　9, 11, 12
精神保健法　i, 8, 9, 12
セルフヘルプ・グループ　101, 104, 106, 115,
136
相互支援　140, 143, 149, 152-154, 157, 159-
161, 170, 174, 181, 182
ソーシャル・インクルージョン　25, 26, 29,
188
ソーシャルサポートネットワーク　142, 152

## た・な 行

地域移行　78, 87, 100, 177
――支援　17, 78, 97
地域定着　78, 81, 83, 85-87, 177, 179
――支援　78, 81

地域連携　141, 143, 151-153, 155, 157, 163-166, 169, 174, 175, 181-183

当事者主体　24

トリエステ　iv, 1, 16, 18-20, 25-28, 30-33, 178, 185

ノーマライゼーション　iv, 2, 9, 51, 55-57, 59, 64, 65, 71, 73, 75, 76, 179, 186, 187

## は　行

パーソナルオンブズマン　68, 70, 74

パートナーシップ　52, 54, 134, 160, 166, 174, 179

バザーリア, F.　17-21, 23, 25, 27, 28, 30

パターナリズム　32, 88

ピアカウンセリング　52

ピアサポーター　78

ピアサポート　52, 53, 78

ピアスペシャリスト　40, 41, 44-46

福祉国家　55, 58, 75, 98, 179

べてるの家　30, 47, 49-51, 54, 179, 186

包括型地域生活支援（ACT）　i, 35, 38, 178, 185

ボランタリーセクター　69, 75

## ま・や・ら　行

マディソンモデル　iv, 34-38, 40, 41, 46, 55, 178, 179

やどかりの里　4, 47, 48, 54, 179

リカバリー　ii, 34, 35, 37, 40, 41, 45, 46, 55, 59, 87, 88, 99, 101, 115, 173, 178-180

リハビリテーション　ii, 9, 16, 19, 52, 59, 88, 99, 101, 107, 108, 115, 127, 161, 173

## 欧　文

ACT　→包括型地域生活支援

CI　→クラブハウスインターナショナル

JHC板橋　5, 47, 51-54, 142, 172, 179

QOL　→生活の質

WANA　104, 105

《著者紹介》

平澤恵美（ひらさわ・えみ）

1997年　シアトル大学心理学部卒業。
2000年　ワシントン大学大学院社会福祉科修了。
2000～2005年　医療法人明心会仁大病院医療相談員。
2005年～現在　特定非営利活動法人なかよし生活支援員・副理事長。
2012年　日本福祉大学社会福祉学研究科修了。博士（社会福祉学）。
現　在　明治学院大学社会学部社会福祉学科准教授。


MINERVA 社会福祉叢書⑥

精神障害のある人への地域を基盤とした支援
——クラブハウスモデルとグループホーム——

2019年12月20日　初版第1刷発行　　　　　　　　〈検印省略〉

定価はカバーに
表示しています

| | | |
|---|---|---|
| 著　者 | 平　澤　恵　美 | |
| 発行者 | 杉　田　啓　三 | |
| 印刷者 | 大　道　成　則 | |

発行所　株式会社　ミネルヴァ書房

607-8494　京都市山科区日ノ岡堤谷町1
電話代表　（075）-581-5191
振替口座　01020-0-8076

©平澤恵美, 2019　　　　　　　　太洋社・新生製本

ISBN978-4-623-08605-4
Printed in Japan

———————— MINERVA 社会福祉叢書 ————————

聴覚障害と精神障害をあわせもつ人の支援と
コミュニケーション

赤畑　淳著　Ａ５判　204頁　本体6000円

精神障害者のための効果的就労支援モデルと制度

山村りつ著　Ａ５判　380頁　本体6500円

ソーシャルワークにおける「生活場モデル」の構築

空閑浩人著　Ａ５判　256頁　本体6000円

知的障害者が長く働き続けることを可能にする
ソーシャルワーク

上村勇夫著　Ａ５判　234頁　本体6000円

———————— ミネルヴァ書房 ————————
http://www.minervashobo.co.jp/